JN411307

이갑종 수필집

아버지의 나뭇짐

오감도

ⓒ 아버지의 나뭇짐

지은이 • 이갑종

펴낸이 • 강옥현

주　간 • 양재일

발행처 • 도서출판 오감도

초판인쇄 • 2023년 4월 3일

초판발행 • 2023년 4월 7일

전화 070-7778-2591 010-3206-2591

팩스 (031) 775-0161

출판 등록일 • 일제 10-1651(98. 10. 15)

서울시 중구 을지로3가 268 유일빌딩 604호

ISBN 978-89-5698-420-9 03810

값 12,000원

✎ 책을 내며

많은 시간 동안 망설였다.

소소한 일상의 글을 책으로 엮어 세상에 내놓는다는 것이 부끄럽기도 하고 두렵기도 했기 때문이다.

칠순七旬을 앞두고 또 한 번의 봄을 마중하며 더 늦기 전에 마무리해야 한다는 조급함이 몰려왔다.

이러한 낌새를 눈치챈 남편과 아이들이 그동안 써 놓은 글을 활자화하자고 용기를 주었다.

지난 20여 년 동안 문학 강좌를 수강하며 글을 써왔고 지역 문학 동아리 회원으로 활동하면서 틈틈이 동인지에 발표해 온 글이 한 권의 책으로 엮을 수 있을 만큼 되었다.

유명한 문인으로 남고자 함이 아니라 평범한 변방의 아낙으로 살아온 나의 삶을 정리한다는 측면에서 남기고 싶었다.

어쩌면 내가 이 세상에 왔다 갔다는 유일한 흔적이 이 책일지도 모른다.

심오한 철학이나 깨달음이 담기지는 않았을지라도 내 가족과 지인들이 기억할 수 있는 나의 감성과 시각과 정신적 파편이 포함되어 있을 터다.

이러한 결실이 있기까지 따뜻하게 손을 잡고 함께 걸어 준 통진문학회 회원들의 격려와 성원에 감사드리고 문학적 길잡이 역할을 해주신 최연식 선생님께 감사드린다.

봄 아지랑이가 피어오르기 시작한다.

이 봄에 『아버지의 나뭇짐』을 출간할 수 있도록 성원해 준 남편과 자식들과 가족들과 지인들께 사랑한다는 말로 인사를 대신한다.

올봄엔 아버지가 나뭇짐을 나르셨던 고려산 진달래를 보러 가야겠다. 아버지께 이 책을 선물해야겠다.

2023년 봄

손님은 왕이로소이다

얼마 전에 있었던 일이다. 점심시간이 지나 잠시 집에 올라와 있는데 식당에서 사촌동생이 '누나, 빨리 내려와 보세요.' 한다. 내려가 보니 이웃에 사시는 분이 손님으로 와 계셨다. 그분이 칠순이 넘으신 우리 고모님한테 반말로 시비를 하고 있었다. 나는 손님한테 죄송하다고 사과부터 드리고 어떻게 된 일인가를 여쭈었다.

사건의 발단은 김치 때문에 시비가 시작된 모양이었다. 네 분이 오셔서 삼겹살을 잡수시면서 김치를 계속 찾으니까 서빙을 보던 동생이 "저, 이번 김치가 일곱 번째 드리는 거예요." 하였단다. 그랬더니 손님이 동생한테 너 지금 뭐라고 했냐면서 다짜고짜 시비를 건 모양이었다.

또 그 손님들은 우리한테 아무런 양해도 없이 밖에서 동동주를 PT병으로 몇 병을 가져다 마셨다고 했다. 그래서 주방에 계시던 고모님께서 손님들에게 너무하시는 것 아니냐고, 심부름을 하는 애한테 왜 시비를 하냐니까 그 말이 채 끝나기도 전에 된장 뚝배기를 손님들이 벗어 놓은 신발에다 던져버려 난장판이 됐고 같이 오신 여자 손님은 '손님은 왕인데 손님이 원하면 열 번이고 스무 번이고 가져다줘야지 웬 군말이냐'고 '저런 종업원 두면 이 집 장사는 망하는 게 뻔하다'고 큰소리를 쳤다.

제가 잠시 자리에 없어서 이런 일이 벌어진 것이니 제발 참으시라고 말렸지만, 그 손님은 술에 취해서 쓰레기통, 난 화분 등을 닥치는 대로 부숴 버렸다.

또 같이 오신 손님은 시청 위생과에 아는 사람이 있는데 이 식당 위생검열 시켜서 문을 닫게 하겠다고 으름장을 놓았다. 하도 기가 막혀서 이웃에 계신 분들이 어떻게 이런 행패를 부릴 수가 있느냐고 했더니 억울하면 경찰을 부르라고 했다. 결국은 파출소에 신고하고 경찰들이 출동하여 겨우 일이 수습되었다. 그 손님들과 같이 파출소에 갔더니 파출소장께서 "이분을 어떻게 처벌해 드릴까요?" 하고 물었다.

속은 상했지만 "술에 취해 그러신 것이니 잘 타일러 집으로 보내주세요"라고 했다. 아무리 손님은 왕이라지만 그래도 이웃에 살고 계신 분들이 이럴 수가 있나 생각하며 집으로 돌아오자니 발걸음이 무겁고 입안이 씁쓸해졌다.

면회

군에 있는 큰애한테서 면회를 오라는 전화가 왔다. 가게 일도 바쁘고 해서 확답을 안 했더니 애 아빠가 바쁘더라도 잠깐 시간을 내서 다녀오라고 하였다.

군에 입대한 후, 먹고 싶은 것이 뭐냐고 물어도 부대에서 뭐든지 잘 나오니깐 괜찮다고 하더니, 오늘은 꽃게찌개가 먹고 싶다고 가지고 오셨으면 좋겠다고 하였다. 마침 장날이라 아침 일찍 시장에 나갔더니 꽃게가 비싸서 못 가져왔다고 아주머니가 말씀하셨다. 할 수 없이 가게에 있는 냉동 꽃게를 가져다 찌개 준비를 하고 반찬 몇 가지를 준비하다 보니 오후 1시가 넘어서야 출발하였다.

도착 시간이 늦을 것 같으니 점심은 먹고 기다리라 했지만, 마음이 급했다. 부대에 도착하니 2시가 훨씬 넘은 시간이었다. 큰애는 PX에 근무하는데, 그때까지 점심을 안 먹고 기다렸다. 식당은 거리가 멀고 바쁘다 보니 끼니를 가공식품 대강 때우곤 하는 것 같았다. 휴대용 가스불이 약해 꽤 오랜 시간이 지나서야 식사를 할 수가 있었다.

큰애가 얼마나 맛있게 먹는지 그 모습을 보면서 면회 오기를 잘했구나 생각했다. 식사를 마친 뒤 큰애랑 같이 부대 안에 있는 호숫가로 갔다. 일산에 있는 호수공원이랑 흡사했다. 우리는 벤치에 앉아 많은 얘기를 나누었다.

신병 때는 선임 병사가 무척이나 부러웠는데 선임 병사가 되고 보니 책임감이 무겁고 애로점이 많다고 했다. 엄마도 보고 싶고 제대 후에 자기가 어떤 길을 택해야 할지 의논을 드리고 싶어 면회를 오시라고 했단다. 자기 주관이 뚜렷하였다. 그런 큰애 모습을 보니 대견하고 마음이 뿌듯했다. 바쁜 나날 속에서 모처럼 큰애랑 같이 낙엽도 밟아보고 초겨울 정취에 흠뻑 젖었다. 앞으로 6개월밖에 남지 않은 시간, 힘들더라도 근무에 충실해 줄 것을 당부하고 집으로 향했다.

농약 때문에

내가 자란 고향 집 앞 냇가에는 민물고기가 많았다. 여름날 비가 내린 뒤면 동네 분들이 모여 냇물을 막고 양동이로 물을 퍼서 메기, 민물장어, 붕어, 미꾸라지 등을 양동이로 하나 가득 잡으셨다.

잡은 고기를 똑같이 나누어 집으로 가져오면 어머니는 고추장을 풀고 풋고추를 넣어 매운탕도 끓이고 붕어 조림도 해 주셨다. 얼마나 맛있었던지 나는 어릴 적 그 맛을 지금도 잊지 못한다.

또 가을에 벼 베기를 하려고 물도랑을 치면 논둑 밑 물꼬에는 보리새우가 오글오글 모여 있었다. 우리가 어리미채를 가지고 가 보리새우를 건져오면 어머니께서는 밭에서 무를 몇 개 뽑아 씻은 뒤 숭덩숭덩 썰어 양은솥 밑에 깔고 그 위에 보리새우를 씻어 얹어 놓으시고 양념을 넣어 구수하게 새우 조림도 해 주셨다. 조림을 하고 남은 새우는 소금에 절였다가 서리를 맞아 못다 익은 호박을 따다가 썰어 보리새우랑 섞어 호박김치도 해 주셨던 기억들이 아직도 생생하게 남아 있다.

잊을 수 없는 또 하나의 추억은 가을에 논에 물도랑을 치고 날씨가 쌀쌀해지는 밤이 되면 아버지께서 호롱불을 밝히시고 빈 자루 등을 준비하신 뒤 앞 논으로 참게를 잡으러 나가셨다.

날씨가 쌀쌀한 밤에는 참게들이 논에서 내려와 냇물을 타고 강으로 내려갔다가 봄이 되면 다시 논으로 찾아왔다. 그 이치를 이용해서 우리는 며칠간 참게를 잡았다. 남동생이랑 나는 아버지가 나가신 뒤 조금 후에 뒤따라 나갔다. 아버지께서는 우리가 맡아 놓은 물꼬에 쪼그리고 앉아 계셨다.

물꼬에는 낮에 주워 놓으셨던 흰 사금파리가 깔려 있었다. 흰 사금파리를 깔아놓으면 호롱불이 환하지 않아도 참게가 내려오는 것이 잘 보였다. 우리는 숨을 죽이고 물꼬 밑을 뚫어져라 응시했다. 우리가 떠들면 참게가 내려오다가 도망치기 때문이었다. 내 기억으로는 하루 저녁에 참게를 이백 마리쯤 잡은 기억이 난다.

논 물꼬마다 동네 분들도 앉아계셨지만, 아버지께서 맡은 자리가 좋아 우리가 제일 많이 잡았다. 동생이랑 나는 신이 나서 연속 참게를 집으로 날랐고 어머니는 항아리에 넣어두셨다가 가느다란 새끼줄에 엮어서 장날이면 장에 내다 파시고 집에도 게장을 많이 담가 두셨다가 친척집들과 골고루 나누어 잡수셨다.

또 이웃에 살고 계시는 아주머니는 아저씨가 상갓집에 가는 날이면 우리 집에 찾아와서 게 엄지발을 얻어 가시곤 했는데 게 엄지발을 파란 헝겊에 싸서 주머니에 넣고 가면 상갓집에 다녀와도 아무런 탈이 없다고 하셨다.

그러나 지금은 벼농사를 지으면서 농약을 많이 뿌리기 때문에 논이나 냇가에서 메기나 동자개, 참게 등은 눈을 씻고 찾아볼 수가 없으니 이제는 아련한 옛 추억으로나 간직하며 살아야 할 것 같다.

행복하신 어머님

"할머니, 학교에 다녀올게요." 하고 대학교 1학년에 다니고 있는 작은애가 현관을 나서면서 인사를 하니 어머님은 조금 전 아침 식사를 하셨는데도 식당에 내려가서 밥 갖고 오너라, 하신다.

자식 자랑은 팔불출이라 하지만 나는 우리 애들을 자랑하고 싶다. 남자애들인데도 불구하고 할머니를 좋아하고 할머니한테 잘 해드리는 애들이 얼마나 고마운지 모른다.

치매도 있으시고 거동도 불편하신 할머니한테 학교를 다녀오면 팔베개도 해드리고 기저귀도 갈아드리고 진지도 떠드리며 심지어는 대변 묻은 옷가지도 빨 정도로 할머니 수발도 마다않고 엄마를 도와주는 애들이 대견스럽기만 하다.

예전에 어머님께서 손자들을 위해 베풀었던 사랑을 돌아가시기 전에 그들로부터 그대로 되돌려 받으시는 것 같다.

어릴 때 젖을 뗀 후 할머니 곁에서 잠을 자고 정이 들어서인지 주름살이 쭈글쭈글하고 냄새나는 할머니건만 자식들은 할머니의 얼굴을 비벼대고 귀찮을 정도로 주물러 드린다.

어제 아침, 작은애가 일어나서는 할머니께 까꿍, 하며 아기를 어르듯 했다. 그것을 지켜본 나는 많은 생각을 하였다. 내가 훗날 어머님 나이가 되었을 때 내 손자들이 저렇게 나를 대해 줄까 하고 말이다. 핵가족 시대인 요즘은 할아버지, 할머니와 같이 사는 손자들이 드문 것 같다. 그래서 그런지 다 그런 것은 아니지만 할머니가 집에 오신다고 하면 할머니 냄새가 나서 싫다고 한다는 얘기를 들은 적이 있다.

또 명절 때 시골 할머니 집에 가면 이불에서 노인 냄새가 나고 화장실도 불편해서 가기를 꺼려하는 손자들 때문에 명절이 다가오면 손자들이 덮을 이불을 새로 장만하시고 며칠 전부터 청소도 깨끗이 하신다는 신문 기사를 읽었다. 그런 것을 생각하면 우리 어머님은 참으로 행복한 분이신 것 같다. 할머니가 좋아서 죽고 못 사는 손자들이 있으니까 말이다.

당신이 손자들한테 많은 것을 베푸셨기 때문에 지금은 비록 노환으로 거동이 불편하셔도 행복을 누리고 사시는 어머님이 나는 부럽기만 하다.

그녀는 어디에 있을까?

내가 그녀를 만난 것은 2년 전 11월 초, 겨울의 문턱을 막 넘어선 때였나 보다. 그녀가 식당 일을 하고 싶다고 나를 찾아왔다. 중국 연변에서 무능력한 남편 때문에 일자리를 찾아 우리 회사에 연수생으로 일을 하러 왔다고 했다.

퇴근 시간 이후 저녁 시간과 토요일 오후와 일요일에 일을 할 수 있게 해 달라고 부탁을 했다. 그녀는 얼굴도 예쁘고 호감이 가서 쾌히 승낙을 했다. 그녀는 열심히 일을 잘했다.

돈 때문에 사랑하는 남편과 고등학교에 다니는 아들을 두고 타국에 와서 힘들게 일을 하는 그녀가 측은하기도 하여 될 수 있으면 여동생처럼 잘 대해 줘야지 하고 생각했다. 우리 식당에 오시는 단골손님들도 항상 상냥하고 친절한 그녀를 좋아했다.

그러던 그녀가 지난여름부터 회사에서 야근을 해야 한다고 식당 일을 못 나오곤 했다. 어깨가 아프다고 병원에 물리치료를 다녔는데 나에게는 회사에서 하는 일 때문에 어깨가 아프다고 했고 회사에서는 식당 일을 힘들게 하다 보니 어깨가 아픈 것 같다고 식당 일을 못 다니게 했단다. 그러다 보니 회사에서 받는 봉급만으로는 돈벌이가 안 되어서인지 얼마 전 그녀가 연수생으로 와있던 회사를 도망쳐 나갔다고 회사 여직원이 전화로 연락해와 나는 뒤통수를 한 대 맞은 느낌이었다.

다른 곳으로 가기 전에 사정이 있어 그만둔다고 말이라도 하였으면 좋았으련만 전화도 없이 사라져 버린 그녀가 나로서는 서운하기도 하고 야속하기도 했다. 사랑하는 사람한테 배반당한 느낌이 이런 것일까 하고, 생각하면서 나 자신이 그녀에게 그동안 서운하게 했던 점은 없었을까 되짚어보면서 밤을 뜬눈으로 새웠다.

오늘 같은 추석 명절날에는 그녀가 더욱더 생각이 나고 보고 싶어진다. 지난 근로자의 날 그녀와 횟집에서 점심식사를 하고 서울 남산에 올라 호텔 커피숍에서 커피를 마시던 일, 그녀와 팔짱을 끼고 기념사진을 찍던 일, 지금 그 사진을 들여다보면서 사람의 정이라는 것이 이렇게 가슴을 아리게 만드는 것일까 생각하게 된다. 아무쪼록 어디 가서 있던지 몸 건강히 잘 지내기를 기도한다.

청개구리

식당에서 일을 하고 있는데 어디선가 갑자기 청개구리 우는 소리가 들렸다. 어디에서 울고 있나 살펴보니 고기 냉장고 아래인 듯했다. 뒷문을 열어 놓았을 때 화단에서 안으로 들어왔나 보다. 청개구리가 보이면 화단에다 다시 내다 놓아주려고 찾아봤지만 보이지 않았다.

청개구리는 하루에도 몇 번씩 울어댔다. 식당에 오신 손님들도 청개구리 우는 소리에 깜짝 놀라곤 했다. 나는 청개구리가 걱정됐다. 식당 안에 있으면 먹을 게 없는데 뭘 먹고 살까? 그러다가 죽기라도 하면 어쩌나. 그러나 걱정과는 달리 식당 일이 끝나고 불을 끈 후 인적이 없으면 나와 돌아다니면서 창가에 붙어있는 하루살이와 모기를 잡아먹고 냉장고 밑으로 떨어지는 물을 먹고 사는 것 같았다.

아침에 식당 문을 열고 들어가 보면 쥐똥같이 생긴 청개구리 똥이 여기저기 널려 있었다. 손님한테 청개구리가 우리 식당 안에 살고 있다고 말씀드렸더니 그 손님은 두꺼비 우화가 있다면서 이야기를 들려주셨다.

옛날 어느 집 부뚜막 위에 큰 두꺼비 한 마리가 들어와서 밖으로 나가지를 않더란다. 그래서 주인아주머니께서는 밥솥에서 밥을 퍼 담을 때마다 그 두꺼비한테 밥을 한 숟가락씩 주었다 한다. 두꺼비는 밥을 받아먹고 낮에는 밖으로 나갔다가 저녁이면 어김없이 부뚜막 위로 올라와 잠을 잤다고 한다. 그러던 어느 날, 부엌으로 큰 지네 한 마리가 들어와 주인아주머니를 물려고 할 때 그 두꺼비가 지네에게 독을 쏘아 지네를 죽여 자신에게 밥을 주던 주인아주머니를 구해 은혜를 갚았다는 우화가 있다면서 청개구리를 그냥 놔두라고 하셨다.

그 이야기를 들으니 나는 기분이 좋았다. 그렇게 두 달 정도가 지나 10월로 접어들면서 날씨가 추워지니까 청개구리가 울지를 않았다. 모기나 하루살이도 날씨가 추워지면 없어질 텐데 청개구리를 찾아 화단에 내다 놓아야 땅속에서 겨울을 날 텐데 걱정이 되어 찾아보았지만 보이지 않았다.

그렇게 며칠이 지나 식당에 장판지를 바꿔 깔게 되어 화분을 옮

기다가 화분 받침을 보니 지저분했다. 닦으려고 설거지통으로 가져가 물을 받는데 옆에 있던 아주머니가 깜짝 놀라시면서 청개구리가 세제를 탄 설거지 물속으로 뛰어들었단다.

그러니까 화분 받침에 붙어있던 청개구리를 내가 미처 발견하지 못했었나 보다. 깜짝 놀라 물에서 청개구리를 건져 수돗물에 깨끗이 씻어주었다. 식당 안에 오래 있어서인지 색깔이 달라졌다. 청개구리는 겨울에 색깔이 허옇게 변한다고 한다. 이렇게 조그만 청개구리가 울음소리가 그렇게 컸다니 믿을 수가 없었다.

나는 청개구리를 화단에다 놓아주었다. 세제가 섞인 물에 들어갔던 그 청개구리가 살아서 땅속으로 들어가 곤히 겨울잠을 자는지, 아니면 죽었는지 궁금하여 지금도 마음이 편치 못하다.

막내 올케 파이팅

오늘도 자네가 아파서 병원 응급실에 실려 가 치료를 받고 있다는 큰 올케 전화를 받고서 얼마나 마음이 아프던지 TV 드라마에서나 볼 수 있고 주변 사람들한테나 걸리는 병이려니 생각했는데 자네가 나쁜 병에 걸린다는 것은 생각조차 못 했어.

자네가 받는 고통 뭐라 말할 수 없으려니와 자네의 고통을 곁에서 지켜봐야 하는 기영이 아빠 또한 고통이 크리라 생각해 내 동생이라서가 아니라 기영이 아빠가 무척 마음이 여리거든.

나도 바쁘게 살다 보니 자네가 항암치료를 받느라고 병원에 입원했을 때도 한번 찾아보지 못해서 오늘에야 전복죽을 가지고 자네를 만나보았네. 그동안 수척해진 자네 얼굴을 보는 순간 눈물이 앞을 가리더군. 두 사람 늦깎이로 결혼하여 재미있게 살아야 하는데 자네 가족한테 이렇게 큰 시련이 닥치리라고는 누가 상상을 했겠는가?

어린 기영이가 유치원에서 전등사로 견학을 가서 천 원짜리 한

장을 부처님 앞에 놓고 우리 엄마 병 낫게 해주시고 건강하게 해달라고 큰 소리로 기도를 드려서 유치원 선생님과 동행한 엄마들 모두가 눈물을 흘렸다는 얘기를 들었어.

올해 3월이면 초등학교에 입학할 기영이에게는 엄마라는 존재가 제일 필요로 할 때인데 엄마가 곁에서 잘 돌봐주어야 되지 않겠어. 소풍 갈 때도 손잡고 같이 가야 하는데 말이야. 이제 항암치료가 두 번밖에 안 남았다지? 자네 하나만을 바라보고 사시는 친정어머님과 기영이 아빠와 어린 기영이를 생각해서라도 힘들겠지만, 인내와 용기를 갖고 마지막 치료에 임해주기를 바라는 마음이야. 내가 자네에게 해줄 수 있는 건 예전처럼 건강하게 해달라고 기도드리는 것뿐이네. 자네가 용기를 내고 희망을 가져야 돼. 막내 올케 파이팅!

운명殞命

2003년 2월 26일

흰죽을 끓여 어머님 아침 식사를 드리고 있는데 서울 사는 막내 아가씨네 식구들이 들이닥쳤다. 어제 전화로 어머님이 예전과 좀 다르신 것 같다고 하였더니 어머님께 드릴 잣죽을 쑤어 보온병에 담아 가지고 왔다.

얼마 전에도 팥죽을 가져와 어머님께서 달게 잡수셨는데 오늘은 아가씨가 가져온 잣죽을 떠드리니 싫다고 고개를 저으셨다. "어머니, 막내딸이 엄마 잡수시라고 멀리서 가져왔는데 좀 잡숴 보셔요." 하니 그제야 마지못해 두 숟가락 받아 잡수신다. 며칠 전만 해도 죽을 떠드리면 맛있다고 더 달라고 하셨는데 이제는 목구멍이 좁아져서 죽도 넘기기가 힘드신 것 같았다. 그 모습을 바라보던 막내 아가씨가 눈시울을 적신다. 나 혼자의 힘으로는 어머님 목욕 시켜드리는 것이 불편해서 아가씨가 있을 때 둘이서 같이 어머님 목욕을 시켜드리니 내가 목욕이라도 한 것처럼 개운하고 마음까지 가벼워졌다.

2003년 2월 27일

어제 막내 아가씨가 가져온 잣죽에다 물을 조금 더 넣어 묽게 끓여다 드렸는데도, 몇 번 받아 잡수시더니 고개를 저으신다. "어므니, 이렇게 안 잡수시면 돌아가셔요." 하고 말씀드리니 어머님은 힘도 들이지 않으시고 죽으면 그만이지 어서 죽었으면 좋겠다고 말씀하신다. "어므니, 개똥밭에 굴러도 저승보다 이승이 더 좋다던데요." 하고 말씀드렸더니, 어머님은 "그럴 테지" 하시면서 웃으신다.

2003년 2월 28일

오늘은 물을 넉넉히 붓고 누룽지를 푹 끓여서 체에다 걸러 미음을 만들어 수저로 떠드리는데도 넘기지 못하시고 옆으로 흘리신다. 잠시 후 다시 드려 보았지만, 고개를 저으셨다. 그렇게도 정신없이 온종일 당신 잡수실 것만 찾으셨는데 이제는 속에서 받아 주지를 않는 것 같아 안타까웠다. "에미야, 나 강화 집에 좀 데려다 줘." 하시면서 요즘에 와서 부쩍 보채신다. "에미가 안 데려다주면 나 혼자서 갈 거야"

"어머님, 혼자서 어떻게 가셔요" 말씀드리니 "걸어서 가지" 하셨다. "어므니, 강화 집에 가시는 것도 좋지만 누가 어머님 수발을 해드려요. 작은어머님도 몸이 불편하시어 어머님 기저귀도 갈아

드릴 형편이 못 되잖아요. 이곳에 며칠만 더 계셔요. 어므니 돌아가시기 전에 꼭 모셔다 드릴께요." 하고 말씀드리니 "그래, 그래" 하시면서 고개를 끄떡이신다.

* 강화에서는 어머님을 부를 때는 '어므니'라고 함.

2003년 3월 1일

어머님께서 온종일 물만 찾으신다. 수저로 물을 조금 떠드리니 눈을 동그랗게 뜨시고는 내 손을 움켜쥐시고 몸부림을 치신다. 목이 말라 물은 드시고 싶은데 넘어가지를 않으니까 나한테 화를 내시는 것 같았다. 어머님은 평소에 전국 노래자랑과 가요무대와 민요를 좋아하셨다. 그래서 전국 노래자랑 재방송을 켜 드리면 몸이 불편하신데도 두 팔을 벌려 춤을 추시곤 했다.

"어므니, 제가 노래를 불러 드릴까요?" 하고 여쭈니 고개를 끄떡이셨다. 나는 어머님의 두 손을 잡고 잘 부르지 못하는 노래였지만 '태평가'와 '한강수 타령'을 불러드렸다. 어느 날 드림씨티 방송 프로에서 국악인이 장구를 치면서 민요를 가르치는 시간이 있었다. 내가 저 민요를 배워서 어머님께 불러드리면 아프신 것도 잊으시고 좋아하실 것 같아 배우기 어려운데도 열심히 배웠다. 그리고는 어머님이 아프다고 하실 때마다 민요를 불러드리곤 했다.

그럴 때마다 어머님은 "좋다" 하시면서 두 팔을 벌려 춤을 추시곤 하였다. 어머님은 흥이 많으신 편이었다. 오늘도 어머님은 기운이 하나도 없다고 하시면서도 춤을 추셨다.

2003년 3월 2일

오늘도 어머님께서 "에미야! 나 좀 살려줘 하신다." "어므니, 어떡해요. 제가 무슨 재주가 있어야죠. 어므니, 살려드릴 재주가 있으면 의사가 되었지, 지금처럼 살겠어요." 내가 마음대로만 할 수 있다면 지금 어머님의 고통을 덜어 드리고 싶다. 일으켜라, 뉘어라, 하며 온종일 보채신다. 이제는 많이 야위시어 안아드려도 무겁지도 않다. 옆에 앉아 있던 시동생이 "내가 어머님 곁에 있으면 잠자코 계시다가 형수님이 옆에 계시면 어머님이 아프다고 엄살을 떠시는 것 같으니 잠깐 밖으로 나가 쉬었다가 들어오세요." 하였다. 어머님께 잘해드리지 못하는데도 내가 옆에 있으면 마음이 편해서 마음껏 짜증을 부리시나 보다.

2003년 3월 3일

오늘은 아가씨들한테 전화를 걸어 아무래도 어머님이 며칠 못 사실 것 같으니 돌아가시기 전에 엄마 얼굴 한 번 더 보고 싶으면 다녀가라고 하였다.

"어므니, 길성이가 10일날 군대에 훈련받으러 가요. 훈련받을 때 어머님께서 돌아가시면 오지도 못하고 어떡해요." 하고 말씀드리니 "할 수 없지" 하고 체념하신다. 당신 손자가 제일인 줄만 아셨던 어머님이 자식과 손자들을 두고 어떻게 저세상으로 발걸음이 떨어지실까, 하는 생각이 들었다. 전에는 어머님이 말씀을 하시면 내가 식구들에게 통역을 했는데, 이제는 나 자신도 알아듣기가 어려웠다. 하루하루 몰라보게 야위어 가는 어머니 모습을 보고 있노라니 울컥 눈물이 솟는다.

2003년 3월 4일

나는 아직 운명殞命하시는 분들을 접하지 못해서인지 겁이 많이 났다. 운명하시는 분들한테 이나지 큰 고통이 따르리라고는 상상도 못 했던 일이었다. 오늘도 내 손을 잡으시고는 "에미야! 나 좀 살려줘"라고 애원을 하신다. 가슴이 메어왔다. 오후에 친정아버지께서 전화를 해 "어머님 좀 어떠시냐?"고 물으셨다. "자꾸만 살려 달라"고 하신다고 말씀드리니, "노인네들 돌아가실 때 되면 살려 달라고 하시니까 자리 비우지 말고 잘 지켜 드려라." 하고 말씀하셨다.

2003년 3월 5일

서울에 사시는 큰 시누님이 어머님을 뵈러 오셨다. 내가 바쁘게 지내다 보니 큰 시누님께서 한 달에 두 번 정도 오시어 어머님을 돌봐드리곤 하셨다. 며칠 전에 다녀가셨을 때보다 많이 야위신 것 같다고 울음을 삼키셨다. 강화에 계시는 작은어머님께도 전화를 드렸더니 작은어머님이 오셨다. 오셔서 말씀하시기를 "에미야! 어머님을 강화 집으로 모셔야겠다." 어머님은 작은어머님을 보시더니 손을 붙잡고 자꾸만 우셨다. 어머님은 "에미야! 나 죽어도 작은어머니한테 잘해드려라." 하고 눈으로 마지막으로 유언을 하시는 것 같았다.

작은어머님이 "내가 먼저 내려가서 집안 청소를 해 놓고 전화를 하면 준비하고 있다가 엄마, 모시고 내려와라." 하시고는 강화로 내려가셨다.

2003년 3월 6일

강화에서 아주버님이 전화를 하셨다. 조금 있다가 자동차로 어머님을 모시러 갈 테니 준비를 해 달라고 하셨다. 큰 시누님과 같이 부지런히 어머님 목욕을 시켜드리고 옷을 갈아입혀 드렸다. 몇 가지 준비를 끝내고 기다려도 아주버님이 오시지 않았다. 어머님께서 "왜 이리 늦어지냐고 재촉하시는 것 같았다. 궁금하여 전화를 걸어보니 어머니상 당하면 필요한 여러 가지 준비할 것을 알아보느라 늦는다고 하였다. 조금 후에 어머님을 모시고 강화 집으로 향했다.

어머님이 우리 집에 오신지 일 년하고도 한 달 보름 만에 당신이 사셨던 집으로 가셨다. 어머님은 집에 도착하자마자 방안을 빙 둘러 보시더니 방문을 활짝 열어놓으라 하시고는 집 안 구석구석을 내다보시더니 자리에 누우셨다. "어머님, 내일 뵈러 오겠습니다." 하고 인사를 드리니 손짓으로 어서 가라 하신다.

2003년 3월 7일

새벽 1시에 큰애를 가락동 시장으로 보내고 남편과 같이 강화 집으로 향했다.

"어므니, 저희들 왔어요. 말씀드리니, 우리를 바라보시고 힘없이 고개를 끄덕이신다. 낮 시간에 곁에서 지켜보기가 힘들 정도로 고통이 심하셨다고 했다. 한 시간 정도 지켜보다가 "어므니, 내일 또 오겠습니다." 인사를 드리고 일어나니까 물끄러미 바라보셨다. 그것이 어머님과의 마지막 인사가 될 줄 몰랐다.

아침 일곱 시, 어머님이 금방 숨을 거두실 것 같다고 작은어머님께서 전화를 하셨다. 전화를 받았지만, 어제 주문받은 부식을 오전에 거래처에 배달해야 하기 때문에 내려갈 형편이 못 되었다.

8시 30분, 어머님이 운명하셨다는 전화를 받았다. 눈물도 안 났다. 수화기를 내려놓고 멍하니 창밖을 내다보았다.

실물수失物數

TV 뉴스에서 어느 형제가 안성에 있는 한 슈퍼에서 담배를 훔치다가 붙잡혔다는 보도가 나왔다. 나는 그 뉴스를 보는 순간 우리 가게 담배도 저 사람들이 훔쳐 갔는지 모른다는 생각이 들었다.

그러니까 작년 12월이었나 보다. 아침에 식당 문을 여는데 뒷문이 건성으로 열렸다. 그 순간 아차! “담배” 하며 정신없이 뛰어 들어가 보니 담배 진열장에 꽉 찼던 담배가 텅텅 비어 있었다. 빈 담배 박스도 여기저기 나뒹굴고 테이블 위에는 달력을 뜯어 휘갈겨 쓴 낙서도 놓여 있었다. 들여다보니 “당신이 나를 너무 무시한 보답으로 이 담배를 가져 가지고 간다. 미안하다”라고 적혀 있었다.

담배를 잊어버린 것도 속상해 죽겠는데 기가 막혔다. 떨리는 가슴을 가까스로 진정시킨 뒤 잠시 생각에 잠겼다. 담배를 잊어버린 것은 고사하고 혹여 남편이 이 글을 보고 오해라도 하면 어떡하나 하고 잠깐이지만 별별 생각이 다 머리를 스치고 지나갔다.

그래도 남편한테 낙서를 보여줘야겠다고 생각하고 전화를 걸어 잠깐 식당으로 와보라고 하였다. 그리고 남편한테 담배를 도둑맞았다고 얘기를 했다. 달력에 써 놓은 낙서를 읽어본 남편은 다른 말 없이 파출소에 신고부터 하고 파출소에서 나오면 낙서도 증거물로 제시하라고 했다. 그들은 뒷문을 쇠붙이로 부숴버렸고 해병대 사병 모자를 뒤꼍에 떨어뜨려 놓았다. 그 모자 안에는 이름도 적혀 있었다.

내 생각에는 그 사람들이 수사 방향을 다른 곳으로 돌리기 위한 수법이 아닌가 하는 생각이 들었다. 파출소에서 나오신 분들은 모자와 낙서장을 증거물로 가지고 가셨다. 파출소에서 그 모자를 헌병대에 의뢰해서 알아본 결과 모 부대에 근무하는 사병의 것인데 몇 달 전에 부대 차를 타고서 물품을 가지러 나왔다가 바람에 날려 모자를 잊어버린 것이라 하였다. 우리가 예상한 대로 수사 방향을 다른 곳으로 돌리기 위한 수작임이 밝혀졌다.

12월에는 담배를 잊어버릴 수가 있으니 조심하라는 판매원의 당부가 있었는데, 담배인삼신문에서 담배 소매인들이 담배를 도둑맞는 것을 보상하기 위해 모 보험회사에 보험을 들어 놓았다는 기사를 읽은 적이 있어 내가 신문 기사만 믿고 방심한 탓도 있었다. 김포담배인삼공사에다 전화를 걸어 지점장님을 좀 바꿔 달라고 하니 직원이 전화를 바꾸어 주지 않고 무슨 내용인지 얘기를 하라고 했다.

담배를 사백여 만원 어치를 잊어버린 사람인데 전에 모 월 모 일자 신문인지 기억이 나지 않지만, 보험회사에 손해 배상을 청구하면 잃어버린 담배값을 받을 수 있나 알아봐달라고 했더니 그 직원은 다른 지점에서는 보험을 들었는지 알 수 없지만, 김포시지부에서는 보험 든 일이 없다고 했다. 그리고는 담배를 주문하면 배달해 드리겠다고 하였다. 담당 팀장이 우리가 주문한 담배를 직접 가지고 오셔서 이런 일을 당하시게 되어 죄송하다고 말한 후 담배 두 보루를 주시면서 이것밖에 보상해 드릴 방법이 없다며 돌아갔다. 옛 속담에 소 잃고 외양간 고친다는 말대로 우리 가게도 문을 고치고 열쇠 아저씨를 불러 열쇠도 다시 바꿨다.

우리는 살림집에다 담배를 보관하고 아침에 그날 팔 양만큼만 가게에 내다가 팔아야겠다고 생각했다. 이튿날 아침에 담배를 검은 봉지에 넣어 출근하면서 현관 앞의 빈 담배 박스 안에다 넣어 놓고 깜빡 잊어버리고 식당 현관문을 열고 들어와 조금 있으려니 쓰레기차가 지나갔다. 순간 담배! 하며 밖으로 나가보니 검은 봉지에 담은 것이 쓰레기인 줄 알았던 청소부 아저씨가 차에다 던져버렸단다. 결국 그 담배는 다른 쓰레기와 뒤섞여 찾을 수가 없었고 궁리 끝에 경비 업체를 불러 가게에 보안장치를 설치하게 되었다. 지난 정월에 토정비결을 보니 실물수失物數가 있으니 조심하라던 말이 실감났다. 서로 믿고 사는 좋은 세상이 언제나 오려는지…

병상 일기

2004년 6월 29일

오후에 남편이 집에서 잠깐 쉬고 내려오더니 목을 만지면서 아무래도 걱정거리가 생기려나 보네, 하는 말을 무심코 흘려들었다. 전화로 주문받은 야채 메모지를 전해주고 식사 준비를 해서 내려가서 그 걱정거리가 뭐냐고 물으니 남편은 자신의 목을 내게 보이며 가만히 있으면 표시가 나지 않는데 침을 꿀꺽 삼키면 왼쪽 목 아랫부분에서 큰 덩어리가 목 중간 부분까지 올라왔다가 다시 아래로 내려간다고 말했다.

이렇게 덩어리가 큰데 그동안 몰랐었냐고 물으니 면도를 자주하면서도 오늘 처음 발견했다고 했다. 그 순간 나는 혹시 암이 아닐까 하는 생각이 들면서 가슴이 쿵 하고 내려앉는 느낌이 들었다. 남편한테는 별일 아닐 거라고 위안을 줬지만 그래도 마음 한구석에는 찜찜한 느낌을 떨쳐버릴 수가 없었다. 그동안 남편한테 아무런 증상이 없었냐고 물으니 약 두 달 전부터 식사를 할 때면 목에

뭔가 걸리는 느낌이 들었지만 별 것 아니려니 하고 생각을 했단다. 그러나 요즘 들어 남편은 몸살이 난 것처럼 으스스 춥고 피곤하다며 하던 일을 놓고 집에 올라가서 쉬곤 하였다.

2004년 7월 1일

저녁때 친구 순랑이한테서 전화가 왔다. 7월 6일에 모이기로 한 약속을 7월 3일에 모이기로 했다면서 친구 미자 남편이 대장암 수술을 받고 일산병원에 입원 중이어서 병문안 겸 모임을 앞당겼다고 말했다. 공교롭게도 남의 일 같지가 않았다.

착잡한 마음에 모 일간지를 뒤적이다 암 환자를 간병하는 보호자들을 위해서 궁금한 점을 인터넷과 자동 응답전화로 상담해 주는 서비스를 개설했다는 기사를 읽었다. 인터넷 주소로 들어가 보니 5대 암에 대해서만 자료가 있을 뿐 목 부분 혹에 대하여서는 설명이 없었다. 자동 응답전화에다 후두암 쪽으로 문의해 보니 아홉 가지 증상 중의 한 증상이 남편과 비슷한 증상으로 나왔다. 남편은 담배를 즐겨하기 때문에 마음이 불안하였다. 하루 일과를 끝내고 잠자리에 들었지만 좀처럼 잠이 오지 않았다. 남편도 걱정이 되는지 뒤척이며 잠을 이루지 못하는 것 같았다.

2004년 7월 3일

약속 시간보다 늦어질 것 같다고 친구 순희한테 연락을 해놓고 미장원에서 머리 손질을 끝내고 정류장으로 가다가 때마침 장날이라서 시장에 들러 아는 아주머니가 가지고 나온 토마토 4kg을 샀다. 병문안을 가면 음료수 종류를 많이 가져오니까 나는 환자분이 퇴원해서 먹을 토마토를 가져다주는 것이 좋을 것 같은 생각이 들었다. 아주머니께서는 4kg을 담고는 덤으로 몇 개를 더 주셨다. 무거웠지만 종이가방에 넣어 들고 959번 좌석 버스를 타고 백석역에서 내려 걸어서 병원에 도착을 하니 친구들은 병 문안을 한 후 점심식사를 하려고 식당에 모여 있다고 했다. 친구 미자한테 어떻게 된 일이냐고 물으니 남편의 체중이 조금 줄어 건강검진을 했더니 대장암 3기였다고 했다. 미자는 남편의 병을 꼭 낫게 해달라고 우리한테 기도를 부탁한다면서 눈물을 글썽거렸다.

2004년 7월 4일

서둘러서 남편이 건강검진을 하러 다니던 대학병원에 전화로 예약을 했다. 5개월 전, 급히 돈이 필요한 일이 있었다. 남편은 자신이 건강하니까 암보험을 해약해 쓰고 여유 있을 때 다시 보험을 들자고 해서 암보험을 해약했다. 그런데 주위 분들 얘기로는 암보험을 해약하면 암에 걸린다는 징크스가 있다고 해서 불안한 마음을 떨쳐 버릴 수가 없었다. 다행히도 얼마 전 다시 보험을 들어 놓았기에 마음이 놓였다. 그래도 궁금해서 보험 설계사한테 전화를 걸어 문의하니 나중에 든 보험이 7월 9일이면 3개월이 되는 날이라서 7월 9일 이후에 병원에 가서 진료받는 것이 좋을 것 같다고 알려 주면서 보험을 든 지 3개월 전에 병명이 나오면 자동으로 계약이 해지된다고 했다. 지금 생각에는 하루가 여삼추 같은데 앞으로 5일을 더 기다려야 된다고 생각하니 답답하기 이를 데가 없었다.

2004년 7월 12일

저녁에 잠자리에서 남편이 내게 마음을 단단히 먹고 있으란다. 내일 병원에 가서 검진을 한 후 결과가 안 좋게 나올 경우, 수술을 해서 몇 년을 더 산다고 하면 수술을 받을 것이고 몇 개월 정도밖에 살지 못할 병이라면 수술을 안 받을 것이라면서 그렇게 알고 있으라고 했다. 지금처럼 경제가 어려운 시기에 이런 일을 겪게 되어 나하고 애들한테 미안하다며 남편은 내 손을 꼭 잡았다. 잠은 오지 않고 결혼해서 지나온 일들이 주마등처럼 스치고 지나갔다. 남편한테 좀 더 잘해 줄 것을, 하는 후회와 모든 일을 남편한테 의지하고 살았는데 만일 남편이 잘못되는 날이면 나는 어떻게 살아야 하는가, 하는 생각에 하얗게 밤을 밝혔다.

2004년 7월 13일

아침에 일어나 제일 먼저 정화수를 떠 놓고 돌아가신 부모님께 오늘 진찰 결과가 나쁘지 않게 나오게 해달라고 기도를 드렸다. 병원 진료 예약 시간이 오후 1시 30분, 자동차를 타고 가면서 들을 CD 석 장을 골랐다. 밝고 경쾌한 음악을 틀어주면 남편의 착잡한 마음을 달랠 수 있을까 하는 마음이었는데 병원에 도착할 때까지 남편은 한마디 말이 없었다.

병원에 도착했다. 예약 시간 40여 분이 지나서야 남편 이름을 불렀다. 의사 선생님이 몇 가지 질문을 하고 목에 사진을 찍고는 잠깐 나가서 기다리란다. 조금 후에 다시 부르더니 남편에게 갑상선 종류니까 걱정 안 하셔도 된다고 했다. 그리고 갑상선은 여자들이 많이 걸리는 병이고 남자들은 100명에 한 사람 걸릴까 말까 하는 병이라고 말씀하시면서 몇 가지 검사를 거쳐 결과를 보고 수술 날짜를 잡아서 수술을 하자고 했다. 의사 선생님께 혹시 암은 아닌가요, 하고 재차 여쭈니 검사 결과가 나와 봐야 알겠지만, 암은 아니라고 말씀하셨다. 나는 선생님 말씀을 듣고서야 휴 하고 가슴을 쓸어내렸다.

2004년 7월 20일

몇 가지 검사를 받으러 병원에 가는 날이다. 예약 시간에 맞춰 가려면 일찍 일어나 준비를 해야 해서 가게 일은 바쁜 일만 정리하고 가자고 남편한테 얘기를 하니까 남편이 병원에 안 가겠다고 한다. 죽을병도 아닌데 뭐 하러 돈 들이고 고생을 사서 하느냐고 했다. 남편한테 검사도 안 해보고 무슨 얘기를 그렇게 하냐고 했더니 병원에 가기 싫다고 어린애들처럼 고집을 부렸다.

마침 친정아버지가 정기적으로 부천 세종병원에 가시는 날이라서 병원에 가시는 길에 우리 집에 들러서 남편에게 병원에 다녀오라고 말씀 좀 해주시라고 전화를 드렸더니 조금 후 친정아버지가 오셔서 고집부리지 말고 어서 병원에 다녀오도록 하라고 말씀하시고 병원으로 가셨다. 친정아버지 말씀에도 불구하고 남편은 끝내 병원에 가지 않았다.

친정아버지가 궁금하셨는지 병원을 다녀오시면서 다시 집에 들르셨다. 남편이 병원에 안 갔다고 말씀드리니까 남편에게 자네는 이제 혼자 몸이 아니고 딸린 식구들도 있고 걱정하는 부모님과 형제들이 있으니 검사를 받아보고 수술해서 건강을 되찾으라고 타이르셨다. 그리고 지금은 의술이 좋아서 갑상선은 병도 아니라고 말씀하시며 병을 길러서 삽으로 막아도 될 것을 가래로 막는 일이 없도록 하라며 오늘 예약을 해서 날짜가 정해지면 꼭 다녀오라고 하시고는 집으로 가셨다. 병원에 전화를 걸어 예약을 하니 보름 후로 날짜가 잡혔다.

2004년 8월 3일

남편이 병원에 가서 X레이와 CT, 심전도와 피검사를 받았다. 열흘 후 검사 결과가 나오는 날인데 담당 의사 선생님께서 휴가 기간에 미국으로 연수를 가시기 때문에 8월 17일에 검사 결과를 보러 오라고 간호사가 전해줬다. 지난번에 와서 검사를 받았으면 늦어지지 않을 것을 이래서 하루 물림이 열흘도 간다는 옛 속담이 있구나, 하는 생각이 들었다.

2004년 8월 17일

담당 선생님께서 검사를 한 결과 갑상선이 확실하다고 말씀하시면서 갑상선도 종류가 수도 없이 많은데 다행히도 남편은 수술해서 혹만 떼어내면 재발할 염려도 없고 상처만 아물면 약을 먹지 않아도 된다고 하셨다. 수술 날짜가 8월 26일로 정해졌다. 큰애가 개학 전이어서 남편이 수술하고 입원해 있을 동안 부식 가게에 도움을 받을 수 있겠구나, 생각을 했다.

2004년 8월 25일

오전에 병원 직원한테서 전화가 왔다. 내일이 수술 날짜인데 다른 환자 한 분이 어려운 수술 이어서 시간이 많이 걸리기 때문에 죄송스럽지만, 남편한테 다음으로 양보 좀 해주셨으면 좋겠다는 부탁을 해왔다. 남편의 수술도 급했지만 우리는 9월 15일로 양보를 해줬다.

2004년 9월 14일

새벽 시간인데 남편이 뒤척이며 잠을 못 이루는 것 같았다. 남편은 겁이 많아 아무리 아파도 주사 맞는 것을 싫어해서 바로 집 앞에 병원이 있는데도 한 번도 가본 일이 없다. 때문에 감기라도 걸리면 내가 대신 의사 선생님께 남편의 증상을 말씀드리고 약만 지어다 주곤 했다. 그런 사람이 수술을 받으러 가야 하니 잠을 못 이루는 것은 당연한 일, 나는 남편에게 너무 겁먹지 말고 마음을 편하게 가지라고 안유시켰다. 수술을 받으려면 하루 전에 입원해서 준비를 해야 되기 때문에 오늘은 큰애한테 아버지를 병원에 모셔다 드리라고 하였다.

2004년 9월 15일

아침 7시 20분, 어머님을 모시고 병원을 향해 출발했다. 보호자가 9시까지는 도착해야 한다고 남편에게서 전화가 왔다. 출근 시간이라 길이 많이 막혔다. 가까스로 병원에 도착을 하니 수술실로 가려고 간호사들이 모든 준비를 끝내고 있었다. 남편은 10시에 수술실로 들어갔다. 수술실 문 앞에는 보호자들로 북적거렸다. 어제 의사 선생님 말씀이 약 3시간 30분쯤이면 수술이 끝날 거라고 하였다는데 그 시간이 지나도 수술 중이라는 자막이 나왔다. 마음이 불안하고 초조해서 견디기가 어려웠다. 시간이 왜 이리도 더디 가는지 기다리는 동안 수도 없이 부처님께 기도를 드렸다.

수술실로 들어간 지 4시간 30분이 지나서야 남편 이름을 부르면서 보호자를 찾았다. 안으로 들어가 보니 의사 선생님께서 거즈를 깐 작은 사각 스텐쟁반에 남편의 목에서 떼어낸 계란 크기만 한 혹을 보여주었다. 그리고 한 시간이 지난 뒤 오후 5시 40분쯤 남편이 수술실에서 나와 두리번거리며 어머님과 나를 찾는 것 같았다. 입원실로 돌아온 남편의 손을 잡아주면서 수술받느라고 고생했다고 말하니 남편이 잔뜩 겁을 먹고 있다가 수술이 끝나고 긴장이 풀려서인지 사람들의 시선은 아랑곳하지 않고 큰 소리를 내며 우는 바람에 나도 코끝이 찡해지면서 눈물이 났다. 의사 선생님이 들어 오셔서 수술이 잘 되었다고 하시면서 상처 부위만 아물면 곧 퇴원할 거라며 걱정하지 말라고 말씀해 주셨다. 나는 몸이 불편한 남편을 돌봐줘야 했지만, 남편을 대신해서 전화로 부식 주문을 받아야 하기 때문에 어머님께 남편을 부탁드리고 집으로 왔다.

2004년 9월 20일

남편이 가게에 없는 동안 나와 시동생은 부식을 주문받고 배달해 주느라고 며칠 동안을 정신없이 보내야 했다. 남편이 같이 있을 때는 그 고마움을 모르고 지냈는데 남편이 하는 일이 힘들고 어려운 일이었다는 것을 새삼 느낄 수가 있었다.

남편이 퇴원하는 날 남편은 가게 일도 걱정되고 병원 생활이 지루했는지 될 수 있으면 일찍 데리러 오라고 전화를 했다. 병원으로 가는 길에 남편은 어디쯤 오느냐고 몇 번이고 전화를 걸어왔다. 12시쯤 병원에 도착하니 남편과 어머님은 퇴원 수속을 끝내고 밖으로 나와 기다리고 있었다. 어머님께서 남편은 수술을 하고 나서 무통 주사를 맞아서 아무런 고통도 없었고 식사도 잘해 잠시 동안이지만 가게 일에 신경을 안 쓰고 몸이 편해서였는지 그사이 몸무게가 4kg이나 늘었다고 말씀하셨다. 남편 얼굴을 보니 수술하기 전보다 좋아진 것을 느낄 수가 있었다. 남편은 자기가 없는 동안에 고생이 많았다고 하면서 이제 다시는 병원에 갈 일이 없었으면 좋겠다고 말했다.

대동놀이

어렸을 적, 더운 여름날이면 넓고 평퍼짐한 동네 뒷동산에서 동네 사람들이 모두 모여 잔치를 열었다. 지금 생각하면 복날 복놀이였을 거라는 생각이 든다.

그 놀이 이름이 궁금하여 친정아버지한테 무슨 놀이였느냐고 여쭈어보니 특별한 이름은 없고 그냥 동네에서 집집마다 돈을 조금씩 추렴해서 하루 동안 잔치를 벌이고 놀았다고 말씀하셨다.

그날이 돌아오면 집집마다 한 가지씩 반찬 준비를 했다. 미숙이네 엄마는 근대 잎을 삶아 고추장에 조물조물 무쳐 오셨고 인철이네 엄마는 가지를 어슷어슷하게 썰어 소금에 살짝 절여 들기름에 볶아 오셨다.

아저씨들은 큰 가마솥을 걸고 돼지를 잡아 장작불을 피워 고깃국을 끓이셨고 한쪽에서는 아주머니들이 철판을 걸어놓고 매운 연기에 눈물을 흘리시며 부침개를 부치셨다.

몇몇 분은 읍내에 나가서 수박이랑 참외와 아이들이 먹을 과자를 사 왔다. 그동안 동네 분들은 준비한 음식을 상에 차려놓았고 통막걸리까지 배달이 되면 잔치 준비는 끝났다. 꽹과리, 징, 호적, 북, 장구를 치고 농자천하지대본 깃발이 펄럭이면서 잔치는 시작되었고 그 가락에 맞춰서 어른들은 덩실덩실 춤을 추셨고 우리들도 신명이 나 뛰어놀았던 기억이 아직도 생생하다.

지금도 동네 분들이 모두 모여 정겹게 음식을 나누면서 잔치가 계속 이어져 내려오면 좋으련만 지금은 놀이가 단절된 것이 못내 아쉽다.

이제는 한 가지 한 가지씩 잊혀져 가는 아름다운 옛 추억으로 간직하며 살아야 할 것 같다.

입양

모 TV 방송에 '지금 만나러 갑니다.'라는 프로그램이 있다. 자의든 타의든 해외 입양을 가서 사는 자식이 고국의 어머니를 찾거나 부모가 입양 간 자식을 찾는데, 방송국의 도움으로 어머니가 자식이 입양된 나라로 비행기를 타고 가서 만나보게 되는 프로그램이다.

집을 잃어버려 고아원으로 보내졌다가 그곳에서 해외로 입양이 된 경우도 있고 가정형편이 어려워서 엄마 혼자서는 도저히 키우기가 힘들어서 그리 된 경우도 있었다. 제각각 피치 못할 사연을 갖고 바다 건너 먼 타국으로 입양을 갈 수밖에 없었던 사연과 그들이 만나는 장면 볼 때마다 나 자신이 겪는 일처럼 가슴이 아려오고 눈물샘이 터져버렸다.

훌륭한 양부모를 만나서 행복하게 잘 살고 있는 이들이 친엄마와 만나는 장면을 보면 보는 우리의 마음도 기뻤고 양부모를 잘못 만나 버림을 받고 고생을 하면서 사는 이들은 자기를 낳아준 친부모를 원망하면서 엄마를 만나지도 않고 엄마라고 부르지도 않겠다고 고집을 부리기도 했다. 하지만 막상 저만치서 자기 이름을 부르며 달려오는 엄마의 모습이 보이면 자신도 모르게 마주 달려가 '엄마!'라고 부르며 얼싸안고 통곡하는 모습은 볼 때마다 보는 이의 눈물을 쏙 빼놓곤 한다.

내가 둘째를 낳고 병원에 입원했을 때 일이다. 옆에 있는 산모는 미혼모라고 했다. 그 미혼모는 키도 크고 부잣집 며느리처럼 인물도 출중했다. 그런데 안타깝게도 아기를 낳고 젖 한번 물려보지 못한 채 해외로 입양을 보내야만 된다고 했다.

입원실 한쪽에서는 사회복지기관에서 나온 듯한 이가 아기 아빠와 그 미혼모에게서 아기를 포기한다는 각서를 받고 있었다. 그 미혼모는 자신이 살고 있던 마을과 전라도에 있는 어느 마을이 자매결연을 맺었는데 그곳으로 강화 화문석 기술을 전수하러 갔다가 그 마을 4H 회장과 눈이 맞아 임신을 하게 되었다고 했다. 그러나 그 4H 회장은 이미 결혼을 약속한 처자가 있어 아기와 미혼모를 책임질 수가 없다고 했다는 것이다.

벌써 23년 전의 일이지만, 나는 그날 그 미혼모와 어머니가 서럽게 울던 장면이 지금도 어제 일인 양 눈에 선하다. 나는 그때 그 아이의 얼굴을 본 적도 없고 그 아이가 어느 나라로 입양되었는지 알 수는 없지만 둘째를 키우면서 그 애도 지금쯤 우리 애만큼 컸을까, 좋은 양부모를 만나서 잘살고 있을까 궁금해서 지금까지 그 아이를 잊어본 적이 없다. '지금 만나러 갑니다' 그 프로그램을 보면서 내 마음도 이렇게 아픈데 그 미혼모와 애 아빠는 얼마나 마음이 아플까를 생각해 본다.

얼마 전 모 일간지에서 어느 인기 탤런트 부부가 자기 아들이 있는데도 여자 아기를 입양해 기른다는 기사를 읽은 적이 있다. 우리나라도 선진국이 되려면 외국 사람들처럼 입양에 대한 인식이 바뀌어서 우리나라 애들을 외국으로 입양을 보내지 말고 국내 입양 희망자가 늘어나서 우리나라에서 우리 손으로 입양해 키웠으면 한다.

시낭송회

"언니 바쁘셔요?" 전화를 들고 보니 글 사랑회 회장이었다. 가까운 조각공원에서 김포시 예총과 문인협회가 주관하는 한여름 밤 추억 만들기 시화전과 시낭송회가 있는데 같이 갈 수 있느냐며 물어왔다. "잠시 후에 갈 테니 먼저 가"라고 말한 후 일을 서둘러 끝낸 후 조각공원에 도착했다. 주위에는 캠프촌이 설치되어 있고 행사장에는 많은 사람들이 와 있었다.

무대에는 '사랑가'라는 고전무용이 끝나고 시 낭송이 시작되었다. 여자 성우 세 분이 나와서 문인협회 회원의 시를 두 편씩 나누어 낭독하였다. 뒤쪽에서 큰 박수 소리가 들려 돌아다보니 지회장님을 비롯하여 최 선생님과 몇몇 낯익은 회원들의 얼굴이 보여 반가웠다. 그동안 여러 번 시 낭송을 들어 봤지만 어떻게 저런 고운 음성으로 시를 낭송할 수가 있을까, 같은 시를 가지고도 낭송하는 분의 목소리에 따라 시가 훨씬 살아날 수 있다는 것을 새삼 느낄 수 있었다.

시낭송회가 끝나고 나서 7080 라이브 무대가 이어졌다. 남녀 가수가 '사랑은 꽃보다 아름다워', '여행을 떠나요'를 함께 부르고 우리도 손뼉을 치며 신나게 따라 불렀다.

나이도 잊은 채 분위기에 휩쓸려 열심히 부르다 보니 올여름 무더위와 쌓인 스트레스를 허공으로 다 날려 보낸 것 같았다. 우리는 주위에 있는 나무에 매달아 놓은 회원들의 시를 읽어보았다. 하성면에 살고 있는 박명근 님이 쓴 '자외선은 내 그림자였다'라는 시가 눈에 들어왔다.

자외선은 내 그림자였다

포획된 한 마리 토끼처럼
충혈된 눈망울에서
흐르는 눈물 떨어져
벼랑 위에서 꽃을 피웠다.
붉은 인주 묻혀 도장 찍힌
얼굴 민감성 알레르기
그림자였다
어디든 따라다니는

다른 시를 읽어보노라니 좀 전에 성우들이 낭송했던 시들도 눈에 들어왔다. 시화전을 둘러보는 것을 마지막으로 회원들과 인사를 나눈 뒤 집으로 돌아왔다.

그리운 어머니

함박눈이 세차게 쏟아지던 날, 사랑하는 가족들을 뒤로한 채 다시는 돌아올 수 없는 머나먼 길을 떠나신 어머니, 살아계셨으면 올해 연세가 일흔여덟, 어머니 가신 지도 어느새 5년이란 세월이 훌쩍 지나가 버렸습니다.

성격이 뚝뚝해서 자식들한테도 잔정이라곤 없으셨던 당신, 자식들은 속으로 사랑하고 겉으로는 엄하게 키우라고 하셨던 옛 말씀처럼 딸한테도 예외는 아니었습니다. 저는 당신의 그 깊은 마음을 헤아리지 못하고 투정을 부리기도 했었지요. 평소 부지런하시고 검소하셨던 당신이었기에 지난날의 어려웠던 우리 집 살림살이를 지금같이 일으켜 놓은 밑받침이 되었다는 생각이 듭니다.

눈 내리는 산속에 어머님을 모셔두고 온 다음 날 아침이었습니다. "나는 이렇게 따뜻한 방안에 누워 있는데 너희 엄마는 꽁꽁 언 땅속에서 얼마나 추웠을까, 하는 생각으로 지난밤을 한숨도 못 잤다"며 눈물을 보이시는 아버지 모습을 본 저희들은 고개를 들 수가 없었답니다. 저희들은 장례를 치르느라고 그동안 못 잤던 잠을 자느라 어머니가 추워서 못 주무실 것이라고는 꿈에도 생각을 못 했거든요. 그래서 어른들이 자식은 키워보았자 아무 소용이 없고 부부의 정이 제일이라고 말씀하셨나 봅니다.

당신은 바느질 솜씨도 좋으셔서 설날이 돌아오면 장에 나가서 옷감을 끊어다가 예쁜 색동저고리와 다홍치마를 밤을 새워 지어 주셔서 동네 친구들의 부러움을 사게 했습니다. 초등학교 때, 백련사로 봄 소풍을 갔을 때도 그 많은 학생들 중에 그 시절엔 보기 힘들었던 분홍색 수를 놓은 저고리와 깡통치마를 나 혼자 입고 가서 선생님들한테 "참! 예쁜 옷을 입고 왔구나" 하시는 말씀을 들었을 때는 하늘을 나는 듯이 기분이 좋았습니다.

봄이면 감자밭에 드문드문 자란 넓적한 시금치를 뽑아다가 물에 씻으시면서 마지막 헹구는 물에 들기름 몇 방울을 떨어뜨리면 기생충 알이 다 떨어져 나간다고 말씀하셨지요. 그리고 바구니에 시금치를 건져서 우리 가족은 뜰 안 양지쪽에 둘러앉아 시금치쌈을 맑은 간장에 싸서 입이 미어지게 먹었습니다.

어느 날은 늙은 오이를 따다가 반 갈라서 숟가락으로 씨를 긁어낸 후 헌 갈퀴 살로 속을 긁어내어 굵은 소금을 술술 뿌려 절군 다음 맑은 물에 헹구어 꼭 짠 다음 장독대에서 고추장을 듬뿍 퍼다가 들기름과 갖은양념을 넣고 양푼에다 밥을 넣어 쓰윽 쓱 비벼서 나누어 먹던 기억 때문에 오이생채나 시금치나물을 대하노라면 지금도 당신 생각에 가슴이 메어옵니다.

제가 결혼을 한 후 어느 비 갠 봄날, 고사리를 꺾으러 뒷동산에 올라갔다가 우연히 당신과 만났지요. 시댁과 친정집은 야트막한 산을 하나 사이에 둔 아래 윗동네였으니까요. 정신없이 고사리를 꺾고 있는데 누가 내 이름을 불러 뒤를 돌아다보니 굵고 먹음직스러운 싱아를 앞치마에서 한 아름 꺼내주시면서 집에 가서 실컷 먹으라고 말씀하셨던 당신의 애틋한 마음과 사랑이 아직도 가슴 가득 밀려옵니다. 그때 저는 둘째아이를 가졌을 때였나 봅니다.

어머니! 어머니……, 아무리 불러보아도 그리운 나의 어머니. 저도 당신을 닮아 부지런하고 검소하게 사는 부끄럽지 않은 사람이 되도록 노력하며 살겠습니다.

오늘 밤은 유난히도 당신이 그립습니다. 어머니, 보고 싶습니다.

갈무리

어제저녁부터 기온이 좀 쌀쌀하다 싶었는데 아침에 일어나니 호박잎과 아주까리 잎사귀가 막 삶아놓은 빨래 모양 풀이 죽어있다.

오늘이 친정아버지 생신이라서 온 가족이 함께 모여 점심을 먹고 있는데 큰올케가 "고모, 앞 밭에 장아찌 담글 풋고추가 있는데 따가지고 갈 거예요?" 하고 물어왔다. 그렇지 않아도 밑반찬 거리를 준비하려던 참에 잘됐다 싶어서 바구니와 쌀을 담는 마대자루를 들고 동생들과 밭으로 나갔다. 밤새 내린 서리 때문에 안타깝게도 고춧잎과 애 고추는 다 얼어버려 조금밖에 따지 못하고 들어왔다.

집으로 오는 길에 시댁에 들르니 그곳의 고춧잎은 서리를 맞지 않아 싱싱한 채 그대로였다. 산을 하나 사이에 둔 아래 윗동네인데 아랫동네는 서리가 내리고 윗동네는 서리가 내리지 않다니 신기하기만 하였다. 아마도 산골 아랫마을이라서 서리가 늦게 내리나보다.

이웃에 살고 있는 시누이가 오더니 "윗동네에 가보니 풋고추와 고춧잎이 싱싱해서 딸 것이 많아요. 밭 주인 허락을 받아놓을 테니 시간이 날 때 와서 따다가 식당에 밑반찬으로 만들어 쓰세요." 한다.

다음날 점심시간이 지난 뒤 아주머니 한 분과 같이 시누이가 일러준 고추밭으로 갔다. 시누이와 함께 고추를 따고 있는데 밭 주인도 나와서 거들어 주었고 근처에 사는 동생 친구가 백련사로 운동을 가다가 우리를 보더니 밭으로 들어와 같이 일손을 보태니 풋고추를 따는 사람이 다섯 명으로 늘어났다.

손으로는 부지런히 고추를 따며 이런저런 이야기를 나누고 있는데 밭 주인아주머니가 "이렇게 모이기도 어려운데 노래를 한마디씩 부르면서 일을 하는 것이 어때요?" 했다. 그러자 동생 친구가 고추를 하나 따서 마이크처럼 입에 대어 노래하는 시늉을 해 배꼽을 쥐며 웃게 했다.

밭 주인아주머니의 선창으로 한 명씩 차례로 노래를 부르기 시작하였다. 그분은 예순이 넘은 나이인데도 주부합창단 회원이어서 노래 실력이 대단하였다. 목소리도 곱고 요즘 신세대 가수가 부르는 노래를 잘도 소화해 내서 우리를 놀라게 하셨다.

그렇게 노래도 부르며 시간 가는 줄 모르게 일을 하다 잠시 허리를 펴고 주위를 둘러보니 뒷산의 단풍이 어린아이가 입은 색동저고리마냥 알록달록 곱게 물들어 있었고 가을 해가 야트막한 산등성이를 막 넘으려 하고 있었다.

길지 않은 시간이었지만 여러 사람이 손을 보태니 고춧잎이 두 봉지, 풋고추는 쌀 담는 마대로 세 가마니나 되었다. 일손을 보태준 이들에게 고마운 마음을 전하고 서둘러 집으로 가져와서 고춧잎은 다듬어 끓는 물에 삶아 냈다. 일부는 볶아서 반찬으로 쓰고 나머지는 말려서 무말랭이와 섞어서 장아찌를 담아 놓았다.

풋고추는 선별해서 큰 고추는 소금에 절구고 연한 풋고추는 가위로 꼭지를 다듬고 바늘침을 놓아 간장 한 말 통에 설탕 3kg, 식초 한 되 정도의 비율로 섞어 항아리에 담아 돌로 눌러 놓은 후 일주일 뒤에 풋고추를 건져내고 간장을 달여서 붓기를 두 차례 한 뒤 노랗게 삭으면 맛있는 풋고추장아찌가 된다. 애고추는 꼭지를 따서 말랑말랑하게 볶아 상에 올리면 그 맛도 일품이다.

해마다 반복되는 일이지만 올해는 다른 해보다도 밑반찬 준비를 많이 해 놓은 것 같다. 철분이 많이 들어 있다는 깻잎장아찌, 비타민 종류가 많이 들어 있는 애호박 오가리, 가지 오가리, 무 잎사귀로 시래기를 몇 타래 엮어 매달아 놓으니 올해 밑반찬 갈무리는 끝난 것 같아 마음이 뿌듯하다.

그러고 보니 나 자신한테도 마음의 양식을 차곡차곡 갈무리해야 하는데, 급한 마음에 꺼내 쓰기에만 급급한 것이 아닌지 나 자신에게 반문하고 싶다.

아침 기체조 운동

하나! 둘 셋 넷.

양금산 골짜기에 울려 퍼지는 덕원 선생님의 힘찬 구령에 맞춰서 우리들의 아침 운동이 시작된다.

두 손을 정수리 위에 포개어 백회혈을 눌러주면서 두 발을 모아 뒤꿈치를 들었다 내렸다 하면 하늘에서 받은 기와 땅에서 올라오는 기가 중간 단전에서 마주쳐서 건강에 좋다고 한다. 귀에 혈이 제일 많으므로 귀도 한 번 쓰다듬어주고 복잡한 뇌를 맑게 해주려면 중지와 넷째 손끝으로 관자놀이를 돌리면서 지긋이 눌러주고 두 손을 무릎 사이에 넣고 마주 비벼서 뜨거울 때 얼른 눈에다가 대면 눈에 피로도 풀리고 밝아진다고 한다.

엉덩이를 두드리는 운동을 할 때면 여럿이 입을 모아 "예쁜 엉덩이, 착한 엉덩이, 튼튼한 엉덩이가 될 것이다." 하고 합창을 하면서 허벅지와 장딴지를 두드려주고 발목 아킬레스건을 주물러 준다. 앞으로 이동해서 정강이, 무릎, 허벅지를 두드려주고 위로 올라와 배꼽을 가운데 두고 두 손으로 하트 모양을 하고서 단전도 두드려 준다 그렇게 온몸의 혈을 다 풀어주고 나서 목운동, 뜀뛰기, 숨쉬기…, 마무리 운동을 마지막으로 아침 기체조 운동이 끝난다.

몇 달 전부터 날씨가 풀리면 운동을 시작해야지 했지만, 생각뿐 아침에 일찍 일어나기가 피곤하다는 이유로 차일피일 미루고 있다가 얼마 전 '천 번 생각하는 것은 한 번 실행하는 것만 못 하느니라'라는 뜻의 '천사불여일행千思不如一行'이라는 붓글씨체 본을 받았다. 그 글귀를 읽고 늦었지만, 지금부터라도 건강을 위하여 운동을 시작해야겠다는 각오로 체중도 줄일 겸 아침운동을 시작하게 된 것이다.

내가 아침 시간에 운동을 하게 된 이유는 하루 중 운동할 시간이 아침밖에 없기 때문이다. 운동을 하고 내려오는 길목에서 두 발을 모으고 서서 숨을 크게 들여 마신 후 골짜기를 내려다보면서 야호! 하고 세 번 소리를 지르면 가슴 깊이 쌓여있는 스트레스는 물론이고 십 년 묵은 체증까지도 다 날려 보내는 것 같다. 하지만 새들이 알을 품고 있을 때는 새들의 탁란을 위해 피해야 된다. 선생님은 아름다운 우리의 가곡인 '가고파'와 '그네', 동요인 '고향의 봄' 등 노래를 하루에 한 곡씩 불러주신다. 교직에 계시다가 퇴직하신 선생님은 매일 운동을 해서인지 연세에 비해 건강하고 목소리도 테너 가수처럼 청청하여 듣기가 좋다.

오늘은 선조 때 효종과 인평대군의 사부였던 고산 윤선도님(1587~1671)의 시조 오우가五友歌도 한 수 읊어주셨다.

“내 벗이 몇이나 하니 수석과 송죽이라 /동산에 달 오르니 그것 더욱 반갑구나 /두어라, 이 다섯밖에 또 더하여 무엇 하리”

힘들게 돈을 벌어놓으면 이 사람 저 사람 다 가져 가지만 틈틈이 운동을 해서 저장해 두면 내 것이 되어 건강해지더라고 하신 어느 분의 말씀처럼 잠은 좀 부족하지만, 아침 운동을 하면서 얻는 것이 더 많았다. 내려오는 길에 달콤한 오디, 앵두, 살구, 보리수, 매실, 버찌도 입술이 까매지도록 따먹고 선생님이 가꾸신 텃밭에서 상추, 쑥갓, 청경채, 고수, 근대 등을 한 소쿠리씩 뜯어 가져와 식당에서 요긴하게 쓰곤 한다.

어느 대기업의 회장님이 산행을 하면서 사업을 하는데, 큰 도움이 되었다고 말씀했듯이 역시 산행은 우리가 살아가는 인생살이와 비슷한 것 같다. 탄탄대로의 길이 있는가 하면 가파른 오르막길도 있지 않은가. 오르막길이 힘들다고 정상이 얼마 안 남았는데 포기하고 뒤돌아 내려오면 산행을 할 자격이 없는 사람이라고 생각한다.

남이 내 건강을 챙겨주기를 바라지 말고 나 자신이 내 몸을 아끼고 쓰다듬어주면서 사랑해야 된다고 생각한다. 건강도 건강할 때 챙겨야 된다고 하지 않는가.

솔 향기가 가득한 양금산, 새들의 합창 소리가 그리워서 또 내일 아침이 기다려진다.

* 양금산 : 마송 현대아파트 맞은편에 있는 산.

비문

아침 운동을 마치고 내려오는데 선생님께서 내려가는 길옆에 묘가 한 분墳이 있는데 비석이 세워져 있는 것을 보면 어느 대가댁 높은 분의 묘 같은 데 후손들이 돌보지 않아서인지 보기가 흉하더라고 말씀하시면서 비석이 세워져 있으니 비문을 읽어보면 어느 분의 묘인지 알 수 있을 거라고 같이 돌아보고 내려가자고 하셨다. 그 말씀을 듣는 순간 호기심도 생기고 어쩌면 오늘 좋은 글감을 얻을 수가 있겠구나, 생각이 들었다.

입구에 들어서니 잡초가 무성해서 한 발 안으로 들여놓기가 어려웠다. 선생님께 오늘은 그냥 내려가고 내일 낫을 가져다 길을 내고서 돌아보자고 말씀드렸다. 다음 날 아침, 선생님께서 낫으로 풀을 대강 베고 나서야 묘를 돌아볼 수가 있었다. 묘 둘레에 마구 자란 뽕나무를 보니 후손들이 벌초를 한 지 십여 년은 족히 넘은 것 같아 보는 이의 마음을 안쓰럽게 하였다.

우리는 운동을 마치고 잠깐 시간을 내어 비석에 기록되어 있는 비문을 사흘에 걸쳐 선생님과 함께 한 자 한 자 풀어 종이에 메모를 하고 집으로 와서 인터넷에 접속해서 어떤 분인가 추적하여 보았더니 조선시대 영조대왕의 노여움을 사서 뒤주 속에서 억울하게 돌아가신 사도세자의 따님이자 정조대왕의 이복누이 동생이며 형제 간의 우애가 남달랐던 철종 임금의 고모님으로 밝혀졌다.

조선왕조실록 정조대왕 편을 읽어보면 정조대왕의 이복동생 은언군이 천주교 박해로 강화도로 유배당했을 때 정조대왕은 귀양살이에 불편이 없게 동생을 물심양면으로 도와주었다고 적혀 있었다. 소문을 들으니 직계 후손들이 형편이 어려워 관리를 못 하고 주변에서 가까이 사는 후손들이 돌보다가 그냥 두어 버린 것 같았다.

비문에 적힌 한자를 풀어 편집한 것을 프린트로 뽑아놓고 내 나름대로 문화재관리국에서 관리가 가능한지 알아보고 싶어 읍사무소에 근무하는 직원에게 전화를 걸어 내용을 설명해 드렸더니 그 직원은 폐허가 된 역사의 현장을 보고 싶다며 함께 가보자고 해서 약속을 했다. 그리고 시간이 흐른 후 그와 나는 동행하여 그곳에 갔다.

읍사무소 직원은 카메라로 묘지와 비문이 쓰여있는 비석을 찍으면서 읍장님한테 보여드리겠다고 하였다.

그 일이 있은 후 얼마 뒤 우연히 읍사무소 직원을 만나게 되었다. 그 후에 어떤 조치가 취해졌는지 궁금해서 물어보았다. 읍장님도 관심을 갖고 현장을 둘러보셨다고 하면서 읍장님이 시청으로 발령을 받고 가시면서 시장님께도 보고드리고 관리에 힘써보겠다고 말씀하셨다면서 직원이 전하였다.

비문을 읽어보면, 세월이 흘러도 우리가 지켜야 할 가치는 변하지 않는다는 것을 알 수 있다. 의리, 도덕, 근친 간의 화목, 형제간의 우애와 검소한 생활 태도 같은 것 말이다.

다단계

"엄마! 저 취직해도 될까요? 작은애가 뜬금없이 웃으며 하는 말이다.

"어인 취직?" 하고 물으니 인터넷 대화방에서 만난 여자 친구가 좋은 회사에 취직을 시켜줄 테니 한번 생각해 보라고 하더란다. 어떤 회사냐고 물으니 요즘 잘 나가는 음악방송국이라고 했다. 그 친구가 잘 아는 분이 방송국 인사과에 근무하시기 때문에 자기도 방송국에 취직을 했다고 한다. 그 친구는 지금 아르바이트 하는 분들 관리를 하고 있다고 했단다.

지금은 비정규직원이지만 곧 정식직원으로 발령을 받을 거라고 했다고 한다. 작은애더러 집에서 부모님을 도와드리는 것도 좋지만 사회에 나가서 경험을 쌓을 겸 직장에 다녀보는 것이 어떻겠냐고 하면서 잘 생각해 보고 자기한테 이력서를 보내달라고 하더란다.

작은애는 생각해 보겠다고 대답을 한 뒤 한 달이 지나서야 나에게 의논을 한 모양이다. 요즘 취직하기가 하늘의 별 따기보다 힘들다고 하는데 좋은 자리가 있으면 취직을 하는 것도 좋을 것 같다고 했다.

아들은 그 여자 친구한테 전화를 걸어서 주위에 알고 지내는 분들도 있을 텐데, 잘 알지도 못하는 나를 취직 시키려 하느냐고 물으니 자기가 대화를 하다 보니 성실한 사람 같아 보여 권했다며 아직 늦지 않았으니까 이력서를 준비해서 자기한테 보내 달라고 했단다.

작은애가 이력서를 준비해놓은 것이 미덥지 않아서 가까이 지내는 지인에게 이력서를 보내서 다시 한번 수정을 한 다음 여자 친구한테 이력서를 보냈다. 일주일 뒤에 합격 발표를 하니까 그날 전화를 걸어보라고 전화번호까지 가르쳐 주더라고 했다. 합격 발표 날 오후가 지났는데도 아무 소식이 없어 궁금하여 작은애한테 물으니 아직 확인도 안 해봤다고 했다.

그날 저녁, 작은애가 "엄마! 저 합격했대요." 하며 전화로 알렸다. 반가운 소식이었다. 그 여자 친구가 전화로 합격 소식을 알려주면서 왜 아직 확인을 안 해 봤냐고 하더란다. 연수를 받으려면 양복 한 벌은 필수로 준비해야 하고 이곳에서 강남까지 다니려면 거리가 멀기 때문에 기숙사를 이용하는 것이 좋다는 것이다. 기숙사에 들어가려고 대기하고 있는 사람들이 많이 있으니까 자기가 다 알아봐 주겠다면서 자기 계좌번호를 적어 줄 테니까 10만원을 입금시켜 주면 빨리 접수를 해주겠다고 했단다.

그리고 자기가 소개를 한 것이니만큼 체면 문제도 있으니 처음엔 힘이 들더라도 그만두지 말고 참고 오래 다니라고 부탁까지 하였다 했다. 무슨 회사가 면접시험도 안 보고 서류 심사만 한단 말인가? 궁금한 것이 한두 가지가 아니었다. 너무도 쉽게 일이 풀리는 것 같아 작은애를 불렀다. 처음에 그 여자애가 너에게 먼저 사귀자고 말을 했니, 하고 물으니 우리 애가 마음에 들어 먼저 사귀어보자고 말했다고 했다. 그러면 의심할 것도 없고 다시 확인을 해보려고 그 음악방송국 인테넷 주소로 들어가 열어보니 수시로 직원들을 뽑고 있으며 인맥을 통하여 직원을 뽑는 것도 사실이었다.

공연히 그 여자 친구를 의심하는 것이 아닌가, 돈도 통장으로 당장 넣어 달라는 것도 아니고 며칠 여유가 있지 않은가. 하여튼 식구들이 머리를 맞대고 의논 끝에 통장으로 돈을 넣어주기로 결론을 지었다. 10만원도 적은 돈은 아니지만, 폰뱅킹을 해주었다.

그날 마침 대기업에 근무하는 사람이 우리 집에 왔다. 나는 그 사람에게 작은애 일을 자세하게 얘기했더니 그는 고개를 갸웃하면서 대기업에는 기숙사가 없을 뿐더러 합격자는 인사과에서 직접 집으로 전화를 걸어 가르쳐 준다고 했다. 그리고는 아무래도 이상한 느낌이 든다는 것이다.

그 말을 듣고 보니 갑자기 뒤통수를 얻어맞은 기분이 들었다. 다시 한번 방송국으로 확인 전화를 걸어보니 자기네 회사는 기숙사도 없을뿐더러 우리가 불러준 아가씨 이름도 처음 들어본다는 것이다.

그 아가씨에게 전화를 해서 "우리가 알아보니 아가씨가 얘기한 것과 다르니 어떻게 된 일이냐?"고 물었다. 아가씨는 별일 아니란 듯이 웃으면서 "어머니, 걱정 마세요." 하는 것이다. 그리고는 인맥으로 들어오는 사람들은 인사과 직원들이 잘 모른다면서 의심되시면 돈을 바로 돌려주겠다고 했다.

그 말을 듣자 머리가 정신없이 헷갈렸다. 그러면 아가씨를 만나려면 어디서 만났으면 좋겠냐고 물어보니 강남 모 전철역으로 오라는 것이었다. 누구랑 같이 나올 거냐고 재차 물으니 실장님하고 같이 나온다고 했다. 나는 회사를 놔두고 전철역에서 만나는 것도 이상하다고 말하고 우리 작은애 그 회사에 안 보낼 테니까 입금한 돈이나 다시 돌려 달라고 말했다.

어머님께서 정 돌려달라시면 돌려 드리겠다고 해 계좌번호 불러

주었다. 그리고 이 사실을 다른 분께도 애기했더니 그분 말씀이 틀림없는 다단계라고 더 이상 속지 말라고 신신당부를 했다. 이제는 사람들이 시시하게 유혹을 하면 오지를 않으니까 다단계업체들이 대기업에서 직원을 뽑는 것처럼 위장하고 사람들을 모은다고 했다.

일이 이렇게 되고 보니 내 마음도 이렇게 허망한데 작은애 마음은 어떠할까 생각이 들었다. 그런 일이 있은 지 며칠이 지났건만 그 아가씨는 돈을 보내오지 않았다. 작은애가 전화를 걸어 우리 외삼촌이 서울 모 경찰서에 계시는데 내일까지 돈을 안 보내주면 경찰서에 수사를 의뢰하여 아가씨가 다니고 있는 회사를 조사해 보라고 하겠다고 했다. 아가씨는 나에게 거짓말을 하였지만 나는 거짓말을 안 하는 사람이라며 외삼촌 이름을 알려주면서 그런 사람이 근무하는지 직접 확인해 보라고 했더니 그날 오후에 돈이 통장으로 입금되었다고 했다.

참 무서운 세상이다. 인터넷상에서 만난 사이는 전원을 끄면 그만이라는 말이 있기는 하지만, 아직 꿈도 많고 할 일도 많은 젊은 아가씨가 뭐 할 일이 없어 거짓말까지 해 가면서 그랬어야만 했었을까? 같은 나이의 아들을 키우는 입장에서 나는 가슴이 아팠다. 이번 일로 내가 받은 상처는 그렇다 치고, 아들이 실망을 많이 하지 않았으면 좋겠다.

주변을 둘러보면 몇몇 사람들을 제외하면 좋은 사람들이 훨씬 많지 않은가. 내 얼굴이 우울해 보였는지 작은애가 내 어깨를 툭툭 치며 "엄마, 나는 괜찮으니까 기운 차리세요. 다른 취직자리가 얼마든지 있을 거예요." 하면서 오히려 나를 위로해주고 새벽같이 가게로 일을 도와주러 나간다. 아들의 뒷모습 어깨 위로 보랏빛 아침햇살이 눈이 부시다.

지금은 잠복근무 중

식당 일을 끝내고 남편이 일하고 있는 지하 슈퍼에서 이야기를 나누고 있는데 "쨍그랑!" 하고 귀를 찢는 듯한 소리가 지하 계단 쪽에서 들려왔다. 얼른 뛰어 나가보니 빈 맥주병과 콜라병이 깨어져 있었다.

주위를 살펴보니 병을 던진 이들은 도망가고 난 뒤라서 그런지 아무도 없었다. 우리는 놀라기는 했지만 누가 심심해서 장난을 쳤겠지, 하고 그날 일을 잊어버리고 있었는데 그다음 주부터는 일주일에 두세 번씩 그러한 일이 반복되었다. 어느 날은 전단지를 몇 묶음씩 던져버리고 또 어느 날은 빈 병을 던져 깨뜨리고는 유유히 사라지곤 했다.

소리가 나는 즉시 뛰어나가 보았지만 누가 그런 장난을 하는지 붙잡을 수가 없었다. 전화로 다음 날 아침에 배달할 야채를 주문받아야 하고 수시로 손님들이 물건을 사러 오르내리는 계단이라 손님들이 다치지나 않을까 하는 마음에 불안하기도 하고 남편은 그 스트레스로 머리까지 아프다며 잠을 설치곤 했다.

남의 속도 모르고 어떤 손님은 누구한테 원한을 산 일이라도 있느냐고 물어오곤 했다. 가족끼리 의논한 결과 알고 지내는 분한테 앞집 건물에 숨어서 지켜봐 달라고 부탁하기로 했다. 며칠 동안 허탕을 치고 난 뒤 2층에서 내려다보고 있으려니 중학교 2 · 3학년쯤 되어 보이는 학생들이 오더니 두세 명은 망을 보고 한 학생은 아랫집 슈퍼에서 내다 놓은 빈 병을 잠바 속에 숨겨 와서 지하 계단에다 던지고는 쏜살같이 도망을 가더라고 하셨다. 뒤쫓아 가서 붙들고 싶었지만 혼자서 여러 명을 상대하기가 겁이 나서 보고만 있었노라고 전해주셨다. 짐작은 했지만, 왜 남에게 피해를 주는 장난을 치는지 알 수가 없었다.

그 학생 부모님들은 자기 자식들이 남에게 피해를 주는 행동을 하고 다니는 것을 까맣게 모르고 있을 것이다. 두세 달 동안 붙잡히지 않으니까 남이야 피해가 가든 말든 스릴을 만끽하면서 계속 장난을 치고 있었다는 생각이 들었다.

파출소에 신고를 해서 경찰관들에게 그동안 있었던 일을 자세히 말을 했더니 "도와드리고는 싶지만 일손 부족으로 잠복근무를 할 수 없는 입장이니 이해해 달라고 하면서 cctv를 설치해서 확실하게 증거를 확보한 다음 처리하는 것이 가장 좋은 방법일 것 같다"고 권하셨다. 하지만 불경기에 거금을 투자하자니 여간 망설여지는 게 아니었다.

결국에는 적지 않은 돈을 들여서 cctv 설치를 끝냈다. 그것도 모르고 그날 그들은 두 시간 뒤에 다시 나타나서 먼저와 똑같은 행동을 하고 유유히 사라졌다. 바로 경찰관이 나와서 카메라에 잡힌 학생들의 사진을 보고는 사진을 카피해서 학생부장 선생님께 드리면 학교에서 처벌받을 것이라고 말했다.

속상할 때 같아서는 그 학생들을 붙잡으면 그동안 받았던 정신적인 피해까지 보상받고 싶었지만, 다 같이 자식을 기르는 부모의 입장이고 보니 어떠한 처벌도 원치 않는다고 말씀드리고 앞으로는 우리처럼 피해 보는 일이 없었으면 좋겠다고 했다. 그때 경찰관들이 나와 조사하는 과정을 그들이 바깥에서 살펴보고 있는 것이 cctv 화면에 들어왔다. 우리가 카메라 설치한 것을 눈치챘는지 그날 이후 그들은 다시 나타나지 않았다.

또 이런 일도 있었다. cctv를 설치한 뒤 여러 번 잃어버린 물건을 되찾게 되었다. 한 번은 회사 식당에서 주문한 고사리나물을 배달하려고 바깥에다 놓았는데 배달을 나가려니 물건이 감쪽같이 없어져 버린 것이다. 생각 끝에 cctv를 돌려보니 우리 가게에서 물건을 사서 나가시던 분이 슬그머니 그 고사리나물 봉지를 들고 차에 오르는 것이 카메라에 찍혔던 모양이었다. 남편이 그분 연락처로 전화를 걸어 그 고사리나물은 어제 주문한 물건이라 오늘 꼭 배달을 해줘야 하니까 도로 가져다 달라고 부탁을 했다. 그러자 본인은 오지 않고 다른 사람을 시켜 보내와 배달해 준 일도 있다.

또 한 번은 배달할 수박을 잃어버려 먼저 번과 똑같이 테이프를 되감아 보았다. 이번에는 빈 박스를 주워가시는 아저씨가 주위를 살피더니 수박을 두 손으로 감싸 안고 가져가는 것이 카메라에 잡혔다. 밖으로 나가보니 빈 박스를 실어놓은 리어카만 보이고 아저씨가 안 보였다. 한참 후에 시동생이 아저씨를 만나 아까 가져간 수박 어디 있냐고 물으니 집에다 갖다 두고 왔노라고 대답을 하더란다.

"아저씨 돈 벌어 쓰시라고 우리가 빈 박스를 모아드리는데 남의 물건을 함부로 가져가면 어떻게 해요?" 말씀드리고는 집에 가져다 둔 수박을 가져오고 다음부터는 그런 일이 없도록 하라고 하니까 오히려 그 아저씨는 벌컥 화를 내며 "다시 가져다 놓으면 되지 말이 많다"며 도리어 역정을 냈다. 그래서 적반하장도 유분수라는 말이 있나 보다.

그 외에도 가게에 온 손님이 조간신문을 집어 가서 찾아온 적도 있고 cctv를 설치한 후로 웃지 못할 에피소드가 많았다. 오늘도 우리 집 cctv는 열심히 잠복근무를 하고 있는 중이다.

나눔

“어머니, 저도 이다음에 돈 많이 벌면 어려운 사람들을 도와주며 살 거예요.” 묻지도 않았는데 작은애가 뜬금없는 말을 건넨다.

연말연시, 세밑이 다가오면서 연예인들과 각종 봉사단체 회원들이 불우이웃돕기 하는 장면을 신문 지면이나 TV에서 자주 보고 느끼는 바가 있었니 보다.

“그래, 듣던 중 반가운 소리네. 이 엄마도 항상 어려운 이웃을 도와주고 싶었는데 살다 보니 마음뿐이지 실천하기가 어렵던데 네가 그런 기특한 생각을 갖고 있다니 정말로 이 엄마는 행복하고 감사하게 생각해.”

유년 시절, 친정어머니께서는 색다른 음식이나 떡을 하시는 날은 동네 산속 오두막집에 살고 계시는 할아버지 댁에 심부름을 보내곤 하셨다. 슬하에 자식이 없는 할아버지 댁은 백발이신 할아버지, 할머니가 멍석과 송댕이를 엮어 장에 내다 팔아서 들어오는 수입으로 어려운 생활을 하셨다.

어머니 심부름으로 닭죽이라도 들고 가면 다 헐어져 가는 부엌이 딸린 조그마한 다락방에서 할아버지는 짚으로 멍석을 엮고 계셨고 앞니가 다 빠진 할머니는 웃으며 오늘은 또 무얼 가지고 왔느냐고 하시면서 내 머리를 쓰다듬어주셨다.

뿐만 아니라, 친정어머니는 어린 아들과 함께 생활하시는 중풍 걸린 이웃 아저씨 댁과 할머니와 이혼을 하고 아들 형제를 데리고 살고 계시는 친척 할아버지 댁에도 음식을 보내곤 하셨다. 손위 오빠가 있고 아래로 남동생들이라 심부름은 언제나 혼자 도맡다시피 했지만 나는 당연하게 받아들이고 어머니가 시키는 대로 심부름을 잘했던 것 같다.

치아가 없는 할아버지 댁에는 가을에 무를 뽑아 시루에 쪄서 양념과 버무려서 삶은 김치를 해드리곤 하셨다. 한 번은 고사떡을 두 말이나 하셨는데 이웃에 돌리다 보니 우리 집에 남은 것은 부스러기 떡밖에 없어서 우리가 먹을 떡도 안 남기고 다 돌렸다고 어린 마음에 어찌나 속이 상하던지 투정을 부리기도 했다.

또 친정어머니는 문전에 누가 얻으러 오거든 우리보다 형편이 어려운 사람이려니 생각하고 군소리하지 말고 무엇이든지 손에 들려 보내라고 말씀하시곤 했다. 나는 지금도 어머니의 말씀을 지키며 살려고 노력한다. 그렇게 친정어머니는 말씀보다도 행동으로 우리에게 모범을 보여주시는 분이셨다.

결혼을 하여 시부모님을 모시고 살면서 시댁 동네 어른들 말씀을 들으니 시어머님도 친정어머니 못지않게 예전부터 어려운 이웃에게 많이 베풀고 사셨던 분이라는 것을 알게 됐다.

너나 할 것 없이 모두가 궁핍했던 유년 시절, 시댁은 다른 집보다는 넉넉한 살림 덕분에 어머님은 후덕한 마음 씀씀이로 어려운 이웃들에게는 양식을 나누어주셨다고 한다. 고향을 떠나 장사하러 다니시는 장사꾼 아주머니들이 식사 때에 방문하면 얼마나 시장하느냐며 반갑게 맞아들여 당신 몫 밥까지 다 내어주시는 분이셨다고 했다. 그분들이 쉬어 갈 자리가 없다고 하시면 기꺼이 어머님은 잠자리까지 보살펴주시는 분이셨다.

우리가 지금 이만큼이라도 살고 있는 것도 우리가 잘해서가 아니라 어머님들이 예전부터 덕을 많이 쌓아 놓으신 덕분에 자식들이 복을 받아서 잘 사는 것이라고 말하였더니 남편도 수긍이 가는지 고개를 끄떡였다.

지금까지는 내 앞가림하고 살기에 급급해서 마음만 있었을 뿐 어머님들처럼 행동으로 보여주지 못했다. 아들의 말을 들으면서 나 자신도 이제부터는 어머님들의 후덕한 마음을 본받아 나눔과 베푸는 삶을 살아가리라 다짐을 해본다.

* 멍석, 송댕이 : 짚으로 만든 생활기구.

전화위복

베트남 아가씨와 국제결혼을 하여 열심히 살아가는 주인공을 소재로 한 TV 드라마를 시청하면서 큰시누이 네 집을 떠올려본다. 몇 년 전만 해도 큰시누이 네는 큰아들이 이혼을 하여 초상집을 연상케 했다.

그 조카는 대학 다닐 때 연애를 해서, 결혼을 해 남매를 낳고 행복하게 잘 살고 있다고 생각했는데, 대기업에 다니던 조카가 잘 다니던 직장에 사표를 내고 PC방을 운영하느라 귀가가 늦어지게 되었다. 남편하고 같이 지내는 시간이 부족하다 보니 조카댁이 그런 생활을 이해를 못 해서인지 우울증이 생겼다. 그 일을 안타깝게 여기던 친정어머니와 언니의 강요에 못 이겨 이혼을 했다고 들었다.

시누이는 며느리 친정어머니를 찾아가 손자들을 생각해서 제발 애들 이혼만은 막아달라고 울며 사정을 했다고 한다. 그러나 사위가 집안일에 무심하고 돈도 많이 벌지 못한다는 이유를 들어 결국은 이혼장에 도장을 받은 모양이었다.

그 후로 외할머니 장례식에 참석한 조카는 눈이 퀭 하고 얼굴이 너무 여위어 주위 사람들의 마음을 안쓰럽게 했다. 엄마가 애들은 맡아 키우기로 하고 애들 아빠가 양육비는 매달 통장에 넣어주기로 결정을 한 모양이었다. 처음에는 집안 식구들이 알게 될까 쉬쉬 숨기고 여섯 달 동안을 식사도 제대로 못 하고 두문불출하시던 큰시누이는 이래서 안 되겠다 싶어 정신을 차리고 신앙생활을 시작하였다고 했다.

얼마 후에 조카가 인터넷을 통해 베트남 아가씨와 사귀었고 곧 결혼도 하게 된다는 반가운 소식을 듣게 되었다. 어느 날 시누이가 조카댁을 인사시키러 우리 집에 데리고 오셨다. 만나보니 체구는 그리 크지는 않았지만, 얼굴이 예쁜데다 상냥하고 예의도 밝았다. 처음 만남이었지만 얼굴에는 생글생글 웃음이 떠나지 않았다.

조카와 조카댁은 영어로 의사표시를 했다. 한국말을 배우려고 노력하는 조카댁이 예쁘게 보였다. 식사를 하면서도 음식 이름이 무엇이냐고 물으며 어떻게 만드는지 알려 달라고 하여 우리를 놀라게 하였고 만류를 하는데도 불구하고 뒷설거지까지 도와주었다.

사랑하는 부모 형제를 떠나 신랑 하나만 바라보고 머나먼 곳으로 시집온 며느리가 안쓰러워 친딸처럼 살뜰히 보살피고 배려해주시는 착한 시부모님과 함께 살고 있는 조카며느리가 더없이 행복해 보였다.

조카는 전처와 결혼했을 때는 부모님과 따로 살았다. 이제는 부모님이 연로하시니 모시고 살아야 되는데, 다 그런 것은 아니지만 우리나라의 젊은 아가씨들이 시부모님 모시는 것을 꺼린다고 하니 조카는 그 일로 무척이나 고심을 하다가 국제결혼을 결심했다고 했다. 지난날의 아픈 상처가 한편으론 전화위복이 된 것 같다.

큰시누이는 며느리한테 미정이라고 예쁜 한국 이름도 지어주었다. 그리고 주연이라는 순하고 예쁜 손녀딸을 선물로 받았다. 주연이가 태어나면서 집안에는 웃음이 떠나지 않았다. 조카댁은 주연이에게 3개 국어를 가르칠 거라면서 공부를 가르치기 위해서는 맞벌이를 해서 훌륭하게 키워보겠다고 벌써부터 그 열의가 대단하다고 했다.

손녀 자랑을 하는 큰시누이의 얼굴에 웃음꽃이 만발이다. 큰시누이는 며느리와 말이 통하지 않아 답답하기가 이를 데 없었다는데 다행히도 조카댁이 한국어를 빨리 배우려 노력하였기 때문에 이제는 불편한 점이 많이 해소되었다고 했다. 현재 우리나라에서 결혼하는 부부 열 쌍 중 두 쌍이 국제결혼이라는 기사를 일간지에서 보았다. 그래서 그런지 TV를 시청하고 있노라면 외국에서 시집온 며느리들이 시어머니와 자주 출연하는 프로그램이 낯설지 않다.

내 아들이 국제결혼을 한다고 가정했을 때 과연 나 자신이 큰시누이처럼 자연스럽게 외국인 며느리를 받아들일 수 있을까 생각해 본다. 큰시누이네 조카댁처럼 우리도 항상 웃음이 떠나지 않는 사근사근한 며느리를 맞이하면 좋겠다는 욕심이 슬며시 생긴다. 오늘따라 슈퍼에서 일을 하고 있는 아들의 등이 믿음직스럽게 느껴진다.

인연

우리가 사는 동네에 택지개발이 지정되고 1차로 주공 임대아파트 공사가 시작되면서 작년 말부터 우리 식당에서 인부들이 식사를 하더니 3개월 전부터 아침 식사를 일찍 해줄 수 있느냐고 물어와 나는 흔쾌히 해드리겠다고 대답을 했다.

그들은 공사장 안에서 운영하는 함바집이 있는데 자기들 입맛에 맞지 않아 우리 식당에서 식사를 하고 싶다고 했다. 아침 일찍 식당 문을 열어놓으니 2차 공사를 맡은 현장 철거팀에서 찾아왔다.

"어떻게 외진 우리 가게까지 찾아왔느냐"고 물으니 주위를 둘러보아도 일찍 문을 열어놓은 식당이 없더라고 하면서 아침 식사할 곳이 없어 김밥집을 이용했는데 하루 이틀이지 김밥을 먹고는 일을 할 수가 없더라고 말을 했다.

서울, 인천 등 각 지역에서 자동차로 출퇴근을 하는 그들은 6시 20분까지 어김없이 우리 식당으로 아침 식사를 하러 오신다. 혼자서 아침 준비해 드리는 일이 여간 힘든 일이 아니지만, 가족들을 위해 꼭두새벽에 일어나 열심히 일을 하는 그들에게 정갈하고 맛있는 아침 식사를 해드리는 것도 식당을 운영하는 나로서는 보람된 일이라는 생각이 들었다.

일하는 분야도 여러 가지여서 전기, 통신, 철거, 중장비, 인테리어 등 많은 일들을 맡아 하신다. 건설 현장에서 일하시는 분들은 입맛이 까다로워 식사를 해드리려면 애로사항이 많다는 것은 이미 이야기를 들어 알고 있었다. 철거팀에 나이 드신 아저씨 한 분은 아침에 꼭 누룽지밥을 찾으신다. 바쁘다는 핑계로 못해 드린다고 말할 수도 있지만 나는 그분을 내 가족이라 생각하고 식은 밥을 누룽지로 만들어 놓았다가 끓여 드리고 또 장염 때문에 식사를 못 하는 분한테는 흰죽을 끓여주곤 했다.

내 가족, 한솥밥을 같이 먹는 식구들이라는 마음 자세로 공깃밥 한 그릇을 퍼 담더라도 정성스레 담아 드리고 돌솥밥을 주문해서 지을 때도 정량보다 두 숟가락 정도 쌀을 더 넣어 넉넉하게 밥을 지어드린다. 온종일 힘든 일을 하시는 그들은 공깃밥 한 그릇으로는 부족하기 때문에 식사를 갖다 드릴 때는 식사하시는 분에 따라 공깃밥을 여유분으로 더 가져다 드리곤 한다.

부식가게를 같이 운영하는 우리 식당은 편리한 점도 많다. 매일 새벽 시간이면 가락동 시장에서 싱싱한 야채, 생선, 육류, 공산품을 저렴한 가격으로 구입해 오기 때문에 언제나 싱싱한 재료로 푸짐하고 맛있게 식당을 찾는 단골손님과 고객분들한테 제공해 드린다.

고향인 강화를 떠나 통진에 터를 잡은 지도 어느새 17년이 되었다. 고향에서 농사를 짓고 잘 살다가 이곳에 터를 잡고 장사를 하며 살아갈 줄 그 누가 생각이나 했겠는가. 아마 우리 집과 통진이란 동네를 누군가 인연이라는 끈으로 묶어 놓았나 보다.

어버이날 단상

"꼬끼오!"

새벽 몇 시쯤이나 됐을까? 창밖이 어두운 걸 보니 아직 동이 트려면 멀었는데 닭 우는 소리가 들려온다. 얼마 만에 들어보는 낯익은 소리인가. 잠결이지만 정겹게 느껴진다. 집에서 멀지 않은 곳에 누군가 닭을 키우고 있나 보다. 생각해보니 요즘 들어 장닭 우는 소리가 자주 들려온다.

닭 우는 소리를 들으니 8년 전 돌아가신 친정어머니 생각이 오롯이 떠오른다. 어느 날 친정에 안부 전화를 드리니 친정어머니가 목소리를 얼버무리셨다. "엄마! 입병 나셨어요?" 여쭈니 "아침에 훠이– 하고 닭을 쫓는데 갑자기 말이 안 나오더라." "엄마, 제가 지금 바로 자동차 가지고 집으로 갈 테니까 병원에 가실 준비하고 기다리세요."

전화를 끊자마자 다급하게 강화 친정집으로 달려가 어머니를 모시고 한방병원으로 갔다. 어머니는 그곳에서 침술 치료를 받고 신경외과 치료도 받았지만, 뇌경색으로 언어장애가 오고 멍하니 먼 곳을 응시하고 있어 지켜보는 가족들의 마음을 안타깝게 했다.

어머니는 그렇게 3년 동안 약간의 치매 증세까지 동반해 가족들을 힘들게 하셨다. 아버지와 결혼한 후 오빠가 첫돌 나던 해 6 · 25 동란이 일어났다. 아버지가 군에 입대하면서 두 분은 5년간이나 떨어져 살았고 그때의 기억이 나는지 어머니는 아버지가 당신 곁에서 잠시라도 보이지 않으면 아버지를 찾아내라고 식구들한테 난리를 피우셨다. 낮에는 큰올케가 수발을 하고 저녁이면 아버지가 어머니 수발을 했다.

오후 5시에 이른 저녁 식사를 하고 주무시면 밤 12시쯤 어김없이 일어나서 그때부터 아버지를 귀찮게 했다고 하셨다고 했다. 소변이 마려우니 일으켜 달라, 뉘어라, 닭 우는 소리가 들리면 몇째 닭이 울었느냐, 지금 시간이 몇 시쯤 됐느냐, 새벽 내내 아버지를 힘들게 하셨다. 시계가 없었던 예전에는 닭 우는 소리로 시간을 짐작했으니, 그 기억 때문인지는 몰라도 친정어머니는 닭 우는 소리에 누구보다도 민감했다. 닭 우는 소리만 들리면 매일 같은 말을 반복하여 묻고 또 물었다.

낮에는 농사 일을 하시느라 힘드실 텐데, 밤에도 쉬지 못하고 어머니한테 시달려야 하는 아버지가 안쓰러웠다. 오죽 힘드셨으면

날이 밝기도 전에 논에 나가봐야 한다고 거짓말을 하고 밖으로 나와 행랑채 툇마루에 앉아 하염없이 눈물을 흘리셨다고 했다.

어느 날 친정집에 들렀더니 잠깐 정신이 돌아온 어머니는 나를 보자마자 네 아버지가 나보고 어서 죽으라고 말했다며 퍽이나 서러워하셨다. 아버지 마음을 이해하면서도 왜 그런 말씀을 하셨느냐고 여쭈니 앞으로 회복할 희망도 없고 지금처럼 살 바엔 본인도 고생 안 하고 식구들도 기를 펴고 살 것 아니냐며, 나는 괜찮은데 며느리 볼 면목이 없다고 말씀하셨다.

어머니가 돌아가시고 난 뒤, 아버지는 밖에서 돌아오면 그래도 "아픈 네 엄마가 아랫목에 누워 있을 때는 마음이 든든했었는데, 이제는 아랫목이 텅 비어 있는 것을 보면 허전하기 짝이 없구나." 하시며 눈물을 보이셨다. 친정아버지도 어머니가 떠나신 뒤 6년 뒤에 돌아가셨다.

병원에서 가족들한테 마음의 준비를 하라고 하여 뽑아놓은 배추를 부지런히 절여놓고 아버지를 뵈러 중환자실을 찾았다. "아버지!" 하고 몇 번이나 불러도 대답이 없으셨다. 이제는 다시 못 볼 아버지 얼굴을 쓰다듬고 있으니 눈물이 앞을 가렸다. 이튿날 배춧속을 넣고 있는데, 오전 11시 40분에 운명하셨다고 오빠가 전화를 했다.

오늘이 어버이날이라고 큰애가 카네이션 꽃바구니를 사다가 내가 잘 볼 수 있도록 식당 카운터에 올려놓았다. 꽃을 보니 돌아가신 부모님이 갑자기 보고 싶다. 좀 더 오래 사시면서 자식들 사는 모습을 지켜보시면 좋았을 것을 두 분 모두 서둘러 떠나버렸으니 이런 날이 오면 두 분 생각이 더 간절해진다.

짬을 내서 일간 부모님 산소에 다녀와야겠다. 5월의 투명한 햇살이 산소 올라가는 길에 작은 풀꽃들을 가득 피우고 있을 것이다.

개성 관광

개성으로 문학기행을 가는 날이다. 문학회원 열세 명은 선생님과 함께 두 대의 자동차에 나눠 타고 아침 일찍 출발했다. 일산대교를 건너 자유로를 지나는데 안개가 어찌나 심하게 끼었는지 예정 시각보다도 조금 늦게 도라산역에 도착했다. 그곳에는 우리와 동행할 서울 사람들을 태운 관광버스가 먼저 와서 우리 일행을 기다리고 있었다.

일행은 현대에서 준비한 열 대의 버스를 타고 경의선 도로 남북출입문 사무소 앞에서 내렸다. 건물 안으로 들어가 몇 가지 주의사항을 듣고 난 후 방문 시 반입할 수 없는 물건을 한데 모아 보관소에 맡겼다. 그들이 내어주는 방문증을 아이들처럼 목에 걸고 출경 수속을 끝낸 후 군사분계선으로 향했다.

고요한 적막감이 흐르는 비무장지대 앞에 서니 개성으로 문학기행을 간다고 들떴던 마음이 차분하게 가라앉았다. 말이 통하고 같은 민족이 사는 곳을 여행하면서 검색을 두 번이나 받아야 하니 짜증이 나기는 했지만, 마음대로 오갈 수 없는 북한 땅을 밟는다는 기대감으로 그 정도 불편쯤이야 참을 수 있었다. 검색이 끝나고 개성을 향해 달리는 차창 밖으로 오월의 아카시꽃이 우리 일행을 반갑게 맞아주는 듯했다. 그곳에는 남쪽에서는 보기 드문 분홍 아카시꽃이 이채로웠다.

우리 차 앞좌석에는 관광 안내를 맡은 북측 안내원 한 명과 뒤에서 우리의 일거수일투족을 감시할 감시원이 동행했다. 조금 달리다 보니 말로만 듣던 개성공단이 보였다. 출근 시간인지 차에 오르내리는 사람들이 더러 눈에 띄었다. 1955년에 직할시로 승격한 개성시의 인구는 약 십만 명으로 추정된다고 한다. 한 가지 신기한 것은 개성 쪽으로 갈수록 바구니를 앞에 단 자전거의 행렬이 자주 보이는 것이었다.

개성 시내로 들어서니 남쪽과는 비교도 할 수 없을 정도로 낙후된 건물들이 보였다. 창문을 열고 관광버스 행렬을 무표정하게 내다보는 사람들, 거리를 걸어 다니는 사람들의 남루한 옷차림, 페인트 재료가 부족해서인지 창문틀은 초벌만 대충 발라놓은 것 같았다. 거기에다 건물은 시멘트 40 프로에 모래를 60 프로 섞어서 벽을 발라놓은 것처럼 보이는 것이 부실 공사를 한 느낌마저 들었다.

그나마 지난해 노무현 대통령 내외가 개성을 방문한다고 하여 도로 주변 정리에 신경을 써서 이만한 것이라는 선생님의 설명을 듣고 나니 내 눈에 들어오는 풍경들이 북한 주민들의 고단한 삶을 말해주는 것 같아서 가슴이 아팠다. 도로변 상점들이 눈에 띄기는 하는데 아침 이른 시간이어서인지 드나드는 손님을 거의 찾아볼 수가 없었다. 개성이 오백 년 고려 도읍지라고 하니, 오래된 한옥들이 많을 것이라는 내 생각과는 달리 눈을 씻고 보아도 한옥은 한 채도 보이지 않았다.

개성 시내를 지나 박연폭포를 향해 달리는 차창 밖으로 헐벗은 민둥산만 보이고 나무라고는 띄엄띄엄 한 그루씩 서 있다. 남쪽에는 긴 수염을 늘어뜨린 옥수수가 대궁에 업혀있는 것을 보았는데, 이곳에는 남쪽보다 기온이 낮기도 할 것이고 거름이 부족해서인지 옥수수 싹이 한 뼘 정도 땅 위로 올라온 상태였다. 보리도 비료 시비가 부족해서인지 키기 작달막한 것이 자유로를 지날 때 보았던 탐스러운 보리 이삭과는 비교가 되지 않았다. 저수 시절이 부족하기 때문에 모를 심어 놓은 논배미에는 물이 말라버린 상태였다. 아, 이래서 북한에는 식량이 부족할 수밖에 없구나, 하는 생각에 가슴이 저렸다.

개성 하면 인삼이 유명했으니 개성 사람들은 인삼을 많이 재배할 것이라는 생각과는 달리 도로 옆으로 있는 조그마한 인삼밭 두 군데에는 삼포각도 아주 낮고 겉으로 보기에도 허술하기 짝이 없었다. 결혼하기 전 친정에서 인삼을 재배해 봤기 때문에 내 손으로 삼포각을 꾸며도 저보다는 나을 것 같은 생각이 들었다. 북측 안내원은 차창 밖 좌우를 가리키며 열심히 설명을 하고 있다. 서먹해 하는 우리에게 거리감을 두지 않으려는지 노래도 부르고 기생 황진이가 서경덕을 흠모했던 이야기를 풍자하는 우스갯소리를 하여 차 안을 웃음바다로 만들었다.

박연폭포가 가까워질수록 개성 시내를 지날 때와는 달리 관광지 주변으로 잣나무가 울창하였다. 드디어 첫 번째 행선지인 박연폭포에 도착했다. 박연폭포를 구경한 다음 길옆 범사정을 뒤로 한 채 관음사로 향했다. 대흥산성 북문을 지나는데 길목 큰 바위에다 한자로 이름들을 새겨놓은 것이 눈에 띄었다. 한결같은 솜씨로 김일성 부자를 찬양하는 글귀들뿐이어서 놀라움을 금치 못했다.

숲속 길을 한참을 걸어서 오르다 보니 관음사가 눈에 들어왔다. 삼존불상에 참배를 했다. 불전에는 우리 은행에서 환전한 달러와 현재 우리가 쓰고 있는 천 원짜리 지폐가 함께 놓여 있었다. 관음굴 대리석 불상 앞에서 온 집안 식구들의 건강을 빌면서 참배를 마치고 약수를 한 모금 마신 후, 오르던 길을 되돌아왔다. 박연폭포 앞에서 회장님께 부탁을 해서 기념사진을 찍은 다음 주차장으로 내려와 개성에서 음식을 제일 잘한다는 통일관으로 향했다.

음식점을 운영하는 나는 이번 관광길에서 무엇보다도 북한 음식에 제일 관심이 많았다. 북한 음식은 어떤 맛을 내는지, 또 담은 모양은 어떠할까 등등…. 놋그릇에 단정하게 차려진 13첩 반상기에 앙증맞게 조금씩 담긴 반찬을 음미하면서 밥그릇 뚜껑을 열었다. 좁쌀을 섞어서 지은 쌀밥인데 쌀의 색깔이 깨끗하지 않고 찰기도 없는 것이 묵은쌀로 지은 밥처럼 색깔마저 누렜다. 아침 일찍 서둘러 오느라고 조반을 거른지라 시장한 김에 맛을 따져볼 겨를도 없이 밥 한 그릇을 후딱 먹어치웠다.

반찬으로 도라지나물, 숙주나물, 소고기 장조림, 도토리묵, 오이무침이 나오고 배추김치 대신으로 물김치가 나왔다. 떡으로는 약식이 나왔는데 색깔이 너무 검고 달아서 내 입맛에는 맞질 않았다. 냉면 몇 그릇을 시켜서 여럿이 나누어 먹었다. 국물은 담백했지만, 자원이 부족한 북한인지라 냉면에 얼음을 띄우지 않아서 밍밍한 맛 그대로였다.

식사를 마친 우리 일행은 전통 한복을 차려입은 종업원들의 배웅을 받으며 통일관 식당을 나섰다. 다음 코스인 숭양서원으로 올라가는 우측에는 개성 유수를 지낸 사람들의 공적비가 세워져 있었다. 왼쪽으로는 개성에서 처음 대하는 조촐한 한옥 몇 채가 보였다. 문충당이라는 이름으로 세워진 숭양서원은 정몽주의 집터였다고 한다. 서원이라서 그런지 건물의 외양이 화려하지 않고 단아하고 아담한 것이 기품있는 선비의 모습 그대로였다. 사당에는 정몽주와 서경덕, 그 외 여섯 명의 위패가 함께 모셔져 있었다.

선죽교에서 한복을 입은 안내양이 가리키는 곳을 들여다보니 아직도 돌바닥에는 칠백 년 전 포은 정몽주 선생이 흘린 핏자국이 주홍색으로 희미하게 남아 있어 권력의 비정함을 느끼게 했다. 원래 다리의 이름이 선지교였는데 정몽주가 피살된 후, 그 자리에 참대가 솟았다고 하여 다리 이름을 선죽교라 불렀다고 한다. 정조 4년 개성 유수로 부임한 정몽주의 후손인 정호인은 선조의 얼이 담긴 다리를 일반 사람들이 밟고 지나다니는 것이 안타까워서 다리 주위에 돌로 난간을 둘러 사람들의 통행을 막았다고 한다. 후일 옆으로 돌나리 하나를 더 놓아서 지금은 그 돌다리를 이용한다고 한다. 안내양은 틀에 박힌 어투로 설명을 했다.

길 건너 선죽교와 길 하나를 사이에 두고 담장 안에는 표충비가 있는데 왼쪽은 영조 때, 오른쪽은 고종 때 세웠다고 한다. 정몽주의 높은 뜻과 학덕을 기리기 위해서 세웠다는 비석에는 왕들의 필적이 적혀 있다. 비석을 거북이 등에 세웠는데 비석을 떠받치고 있는 거북이의 코를 암놈은 남자가 수놈은 여자가 만지면서 소원을 빌면 그 소원이 이루어진다, 하여 관광객들이 두 줄로 늘어서서 각자 소원을 비는 진풍경이 벌어졌다.

선죽동은 둘째 고모부의 고향이다. 고모부는 6.25 동란 전 군 입대를 하여 남쪽으로 내려와서 근무를 했고 100여 명의 식솔과 고향을 떠날 수 없었던 고모부의 부모님은 안타깝게도 장남이 살고 있는 남쪽으로 내려오지 못하고 그곳에 눌러앉은 바람에 그만 이산가족이 되었다. 그러나 같은 동네에서 살았던 고모부의 외갓집은 일을 도와주는 식솔들까지 모두 남하를 했다. 그 광경을 보는 고모부의 마음이 한층 더 아팠을 것이다. 지금까지 살아 계셨으면 올해 고모부 나이 82세가 될 텐데, 군 복무를 마치고 56세 되던 해에 지병으로 돌아가셨다.

나 어릴 적, 고모부는 술을 드시면 특유의 음으로 가사도 없이 '아 야야야'를 반복하셨다. 고향의 부모 형제를 그리워하며 눈물을 흘리던 모습이 아직도 눈에 선하다. 이번 개성 관광길에 동행한 어르신들을 보면서 고모부가 지금까지 살아계셨으면 그토록 그리워했던 형제들도 만나고 고향 땅도 밟아보련만, 이런 날이 올 줄도 모르고 먼저 떠나셨으니 아쉬움을 가슴 한쪽에 묻어야 했다.

마지막 코스인 고려박물관 입구에 들어서니 천연기념물 제386호인 수령 오백 살이 넘었다는 은행나무 두 그루와 느티나무가 세월을 말해주고 있었다. 성균관 건물 18채로 꾸며진 전시실에는 천여 점의 유물이 전시되어 있었다. 여러 종류의 유물을 구경하였지만, 그중 고려청자와 쇠로 만들었다는 청동부처, 청동종과 화로를 자세히 살펴보았다. 우표전시관에는 박연폭포, 선죽교를 그린 풍경화와 호랑이 등 동물들을 묘사한 민화를 천에다 섬세하게 그려 전시한 것이 마치 한 장의 사진처럼 보였다.

개성 관광을 마치고 돌아오는 길, 언제 다시 개성 땅을 밟아보려나 생각하면서 차창 밖을 내다보니 어느새 저녁 햇살이 가득 몰려와서 잘 가라고 손을 흔들어 주고 있었다.

세상에서 가장 무섭던 날

그날은 유년의 기억 중 생각하고 싶지 않은 날이다. 동네 친구들 중 내가 제일 담력이 크다고 생각했는데, 지금도 그날을 생각하면 머리가 쭈뼛해진다. 아마 열일곱 살이나 열여덟 살쯤이라고 기억된다. 내가 살던 옆집에 세상을 먼저 떠난 큰딸의 외손녀를 데리고 사는 할머니가 계셨다. 그래서인지 그 집은 동네 할머니들의 마실 방이 되었다. 나도 어려서부터 어머니를 따라 할머니 집으로 마실을 가곤 했다. 그 집에 마실을 가면 할머니들의 구수한 입담과 함께 미처 알지 못하는 동네 소식을 모두 들을 수가 있었다.

어느 겨울 방학 날, 할머니가 손녀딸을 데리고 서울에 사는 작은딸 집에 며칠 다녀오신다면서 집을 비워두면 썰렁하니까 잠을 자면서 집을 봐달라고 나에게 부탁을 하셨다. 방학인데다 저녁에 별로 할 일도 없는지라 집 잘 봐 드릴 테니 걱정하지 말고 다녀오시라고 했다. 빈 솥에 물을 붓고 군불을 지펴 방을 따듯하게 데워놓고 초저녁에는 집에 가서 식구들과 함께 있다가 밤 열 시쯤 할머니 댁으로 갔다.

할머니가 계시지 않는 것을 알아서인지 그날은 아무도 마실을 오지 않았다. 할머니 집에는 그 흔한 TV도 없어 혼자 우두커니 앉아있자니 무료하기 짝이 없어 문단속을 단단히 하고 일찌감치 잠자리에 누웠다. 이럴 줄 알았으면 친구들이나 불러서 같이 잘 걸, 갑자기 섬뜩 무서운 생각이 들었다. 이불을 머리까지 뒤집어 써도 잠이 오질 않았다. 바로 그때, 마루 쪽에서 딸그락하는 소리가 났다. 쥐 소리인가 귀를 쫑긋하고 들으니 조용했다. 다시 이불을 쓰고 잠을 청하려는데 조금 전에 들렸던 딸그닥, 그 소리가 다시 났다.

문단속을 잘했는데 이게 무슨 소리지? 머리카락이 쭈뼛 올라가는 것 같았다. 이어서 같은 간격으로 계속 소리가 들리는데 바깥에서 누군가 마루 뒷문 빗장을 여는 느낌이 들었다. 오늘 나 혼자서 할머니네 집을 보는 것을 우리 집 식구와 할머니밖에 모르는데 누군가 할머니 집을 뒤지러 오거나 내가 혼자 집을 보는 것을 알고 나를 어찌해보려고 집 안으로 들어오려는 것은 아닌가 생각이 미치자 그대로 이불 속에 누워 있을 수가 없었다. 마음을 다잡고 불도 켜지 못한 채 살그머니 일어나 벽장문을 열어보니 다듬이 방망이가 손에 잡혔다.

두 손으로 방망이를 잡고 방문 고리를 벗기면서 누구든 들어오기만 해봐라, 이 방망이로 때려잡으리라 굳게 마음을 먹고 마루로

나섰다. 그러나 휘둘러보아도 아무것도 안 보였다. 후들거리는 다리로 부엌을 지나 문을 열고 안뜰을 지나 쪽대문을 나서는데 시커먼 물체가 나한테로 확 달려들었다. 나는 너무 놀라서 엄마! 하고 외마디 소리를 지르면서 방망이를 던져 버린 채 그 자리에 주저앉았다. 잠시 후 정신을 차려보니 내게 달려든 것은 까만 도둑고양이였다. 나도 놀랐지만 고양이도 놀랐는지 저만치 도망을 가고 있었다.

걸음아 날 살려라, 하고 한달음에 집으로 가서 대문을 두드리니 어머니가 문을 열어주셨다. 웬일인가 묻는 말에 대답도 못 하고 방으로 뛰어 들어가 이불부터 뒤집어썼다.

"앞으로 다시는 할머니네 집 보러 안 갈 거예요." 자세한 이야기를 들은 어머니는 쥐란 놈이 그랬겠지 하시며 내 등을 두드리면서 마음을 안유시켜 주셨다. 그날의 일이 지금까지 누구 짓인지 수수께끼로 남아 있지만 그날이 세상에서 제일 무서웠던 날이라고 기억된다.

뇌물

조간신문을 읽다 '돈 상자 사건'에 대해 경찰이 인사 청탁용 뇌물 여부에 대해 수사에 나섰다는 기사가 눈에 들어왔다. 또 충청도의 어느 군청에서는 직원 108명이 4년간 예산 7억을 빼내어 술값으로 지불하고 백화점에서 30만원~40만원 옷을 구입해 지인들에게 선물했다는 기사가 신문의 한 면을 장식했다.

한 사건은 자신의 아들을 계약직 직원으로 써달라는 청탁용 뇌물이고 또 한 사건은 국민들이 낸 세금으로 군 예산을 빼돌려 술 접대를 하고 구입하지도 않은 사무기기 소모품을 구입한 것처럼 허위로 속이고 지인들에게 옷을 사서 뇌물로 준 혐의이다. 세계적인 경제위기에 서민들은 힘들게 생활하고 있는데 지방자치단체의 비리와 일부 정치인들의 비리 등이 힘든 연말을 더욱더 우울하게 만들고 있다.

뇌물과 관련된 자료를 인터넷에서 검색하다가 한 블로그에서 故 박정희 대통령의 뇌물이라는 글을 읽게 되어서 소개해 본다.

故 박정희 대통령의 뇌물

데이비드 심슨(당시 더글러스 맥도날드社의 중역)

한국의 월남전 참전으로 소원해진 미국과의 관계가 다시 우호적이 되었고 한국은 젊은이들의 목숨을 버리는 대가로 미국으로부터 많은 국민을 먹여 살릴 수 있을 만큼의 지원을 받게 된다. 그 지원 중의 하나가 'M-16 자동소총'이었다.

한국이 사용하는 무기는 단발식 카빈 소총으로써 M-16과는 비교할 바가 못 되는, 그야말로 장난감과 같은 수준의 무기였다. 우리는 그런 무기를 들고 남북대치 상황을 견디어 내어야만 했었다. 한국이 월남전에 파병하는 조건으로 얻을 수 있었던 M-16의 제조 수출업체는 맥도널드 더글러스社였다. 미국 정부의 지원을 받아 한국으로의 수출 건을 따내게 된 뒤, 한국을 방문한 맥도널드 더글러스社의 한 중역은 자신들의 무기를 수입해주는 국가를 찾아 의례적인 인사치레를 하게 된다.

"여름이었던 것으로 기억이 난다. 그것도 너무도 더웠던 여름이었던 것으로 기억을 한다." 나는 대통령 비서관의 안내를 받아 박정희의 집무실로 걸음을 재촉하게 된다. 그리고 비서관이 열어주는 문 안의 집무실 광경은 나의 두 눈을 의심하게 만들었다.

커다란 책상 위에 어지러이 놓여진, 서류 더미 속에 자신의 몸보다 몇 배는 더 커 보이는 책상 위에 앉아 한 손으로는 무언가를 열심히 적고 남은 한 손으로는 부채질을 하면서 더운 날씨를 이겨내고 있었던 사람을 보게 되었다. 한 나라의 대통령 모습이라고는 전혀 믿기지 않을 정도였다.

아무리 가난한 국가라지만 도저히 대통령이라고 생각하기조차 힘이 들 정도였다. 하지만 고개를 들어 나를 바라보는 눈빛을 보았을 때, 지금까지의 모순이 내 앞에서 사라짐을 느낄 수가 있었다. 그는 손님이 온 것을 알고 예의를 차리기 위해 옷걸이에 걸린 양복저고리를 입고 있었다. 나는 그때서야 비로소 그가 러닝셔츠 차림으로 집무를 보고 있었음을 알게 되었다.

"각하! 미국에서 온 데이비드 심슨 씨입니다." 비서가 나를 소개함과 동시에 나는 일어나 대통령에게 예의를 갖추었다. "먼 곳에서 오시느라 수고 많으셨소. 앉으시오." 한여름의 더위 때문인지 태어나서 처음 느낀 긴장 탓인지, 나는 무의식적으로 넥타이로 손이 가고 있었다.

"아, 내가 결례를 한 것 같소이다. 나 혼자 있는 이 넓은 방안에서 그것도 기름 한 방울 나지 않는 나라에서 에어컨을 튼다는 것은 큰 낭비인 것 같아서요. 나는 이 부채 하나면 바랄 게 없지만 말이오. 이 뜨거운 볕 아래서 살 태우며 일하는 국민들에 비하면 나야 신선놀음 아니겠소. 여보게, 비서관! 손님이 오셨는데 잠깐 동안 에어컨을 트는 게 어떻겠나." 나는 그제야 소위 한 나라의 대통령 집무실에 그 흔한 에어컨 바람 하나 불지 않는다는 것을 알았다. 그리고 지금까지 내가 만나봤던 여러 후진국의 대통령과 무언가 다른 사람임을 알 수가 있었다. 그래서일까…. 나는 그의 말에 제대로 대꾸할 수 없을 만큼 작아짐을 느낄 수 있었다.

"아, 네 각하."

비서관이 에어컨을 작동하고 나서야 비로소 나는 대통령과 방문 목적에 관한 이야기를 할 수가 있었다. 예정대로 나는 내가 한국을 방문한 목적을 그에게 이야기를 했다.

"각하, 이번에 한국이 저희 M-16소총의 수입을 결정해 주신 것에 대하여 감사드립니다. 이것이 국가 방위에 크게 도움이 되었으면 하는 바램입니다. 그리고 이것은 저희들이 보이는 작은 성의…. 나는 준비해온 수표가 든 봉투를 내밀었다.

"이게 무엇이오?" 박정희 대통령은 봉투의 내용을 살피기 시작했다. "흠, 100만 달러라. 내 봉급으로는 3대를 일을 해도 만져보기 힘든 큰돈이구려." 차갑게만 느껴지던 그의 얼굴에 웃음기가 머물렀다. 나는 그 역시 내가 만나본 다른 사람들과 전혀 다를 것이 없는 사람임을 알고 실망감을 감출 길이 없었다. 그리고 그 실망이 처음 그에 대해 느꼈던 왠지 모를 느낌이 많이 동요하고 있음을 알게 되었다.

"각하, 이 돈은 저희 회사에서 보이는 성의입니다. 그러니 부디…."

대통령은 웃음을 지으며 지그시 눈을 감았다. 그리고 나에게 말했다.

"하나만 물읍시다."
"예, 각하."
"이 돈 정말 나를 주는 거요?"
"각하, 맞습니다."
"대신 조건이 있소."
"네, 말씀하십시오, 각하."

그는 수표가 든 돈 봉투를 나에게 내밀었다. 그리고 나에게 다시 되돌아온 봉투를 보며 의아해하고 있는 나를 향해 그가 말했다. "자, 이 돈 100만 달러는 이제 내 돈이오. 내 돈이니까 내 돈으로 당신 회사와 거래를 하고 싶소, 지금 당장 이 돈의 가치만큼 총을 가져오시오. 난 돈보다 총으로 받았으면 하는데, 당신이 그렇게 해

주리라 믿소." 나는 왠지 모를 의아함에 눈이 크게 떠졌다.

"당신이 나에게 준 이 100만 달러는 내 돈도 그렇다고 당신 돈도 아니오. 이 돈은 만 리 타국, 저 멀리 월남에서 피를 흘리며 싸우고 있는 내 형제, 내 아들의 땀과 피와 바꾼 것이오. 그런 돈을 어찌 한 나라의 아버지로서 내 배를 채우는 데 사용할 수 있겠소. 이 돈을 다시 가져가시오. 대신 이 돈 만큼의 총을 우리에게 주시오."

나는 용기를 얻을 수 있게 되었다. 그리고 일어나서 그에게 말했다. "네, 알겠습니다, 각하! 반드시 100만 달러의 소총을 더 보내드리도록 하겠습니다." 그때 나는 방금 전과는 사뭇 다른 그의 웃음을 보았다. 한 나라의 대통령이 아닌 아버지의 웃음을….

배웅하는 비서관의 안내를 받아 집무실을 다시 한번 둘러본 나의 눈에는 다시 양복저고리를 벗으며 손수 에어컨을 끄는, 작지만 너무나 크게 보이는 참다운 한 나라의 대통령으로 보였다. 나는 낯선 나라의 대통령에게 왠지 모를 존경심을 느끼게 되었다.

동서고금을 통해, 뇌물이 없었던 시대는 찾아보기 힘들다. 권력자와 소통하는 가장 손쉬운 수단이 바로 뇌물이기 때문이다. 때로는 뇌물을 받지 않았음에도 자신도 모르게 뇌물 사건에 연루되는 억울한 경우도 있다.

꽤 알려진 회사의 인사과에 근무했던 한 분이 있었다. 그 자리는 누구든지 탐내는 자리였다. 왜냐하면 승진 청탁을 들어주면, 그 시절 집 한 채는 거뜬히 살 수가 있었으니까 말이다. 그러나 그 사람은 집 한 채는 물론 부인한테 월급 이외에 만 원 한 장 가져다 준 일이 없었다는 얘기를 들었다. 또 한 분은 국회의원의 얘기다. 저녁 시간이면 그의 집 주변에 친구들과 동네 유지들이 진을 치고 기다렸다가 이런저런 청탁을 했다고 한다. 그러나 그는 단호히 청탁을 거절했다고 한다. 그런데 그는 청탁을 거절했다는 이유로 다음 선거에 낙선의 고배를 마셨다.

부정한 방법으로 돈과 물건을 받아 개인 욕심을 채우는 사람이 있는 반면에 외국의 군수업자로부터 뇌물을 받아서 고스란히 나라를 위해 쓴 박 대통령과 같은 분도 있다.

배추 농사

참깨를 베고 나서 아무것도 심지 않으면 제가 깨밭에 알타리 무를 심어도 될까요, 하고 밭 주인인 옆집 아저씨한테 여쭤보니 올해는 참깨를 일찍 심어 베었기 때문에 알타리 무 대신 배추 모종을 사다 심어도 늦지 않으니 서둘러 심어 보라고 했다. 옆집은 해마다 배추 농사를 잘 지어 올해도 그 집에서 심은 것과 같은 배추 모종을 사 주십사 말씀드렸더니 알았다고 하며 참깨밭에 김을 매고 물을 흠뻑 뿌리고 나서 배추 모종을 심으라고 하였다.

아침 일찍 일어나 호미와 장갑을 챙겨 자동차를 타고 옆집 아저씨의 밭으로 향했다. 올 김장배추는 내가 심은 것으론 식당에서 김치를 담그는데 모자랄 것 같아 강화에 사는 작은어머니와 월곶면 용강리에 살고 있는 지인한테도 부탁을 해두었다.

김장배추를 내 손으로 심게 되었으니 정말 잘 됐다. 부지런히 참깨와 풀을 뽑아내고 물을 뿌려주면서 배추 모종을 심고 있는데 주인아저씨가 나와서 도와주었다.

한 판지에 세 줄씩 세 이랑을 심고 나서 모종을 세어보니 280여 개나 되었다. 배추 모종을 심은 지 열흘 정도 지났을 때 주인아저씨가 가게에 나오셨다. 배추 모종이 뿌리를 내렸는데 거염벌레란 놈이 배추 모종을 갉아먹으니 틈을 내서 벌레를 잡아주라고 하셨다. 아침 일찍 밭에 나가 배추 모종 밑의 흙을 파보면 벌레가 있을 거라고 알려주셨다.

가르쳐 주신 대로 흙을 파 봤지만 벌레는 보이지 않았다. 벌레 먹은 자리의 모종을 파내고 주전자로 물을 떠다가 붓고 지난번 비닐포토에 남겨놓았던 배추 모종을 옮겨 심어 놓고 돌아왔다. 김장배추를 심으려면 밭을 갈아엎을 때 살충제인 후라단을 뿌리고 비닐를 덮어야 나중에 거염벌레가 덤비지 못한다는데 참깨 대를 베고 난 자리라서 약을 뿌리지 못했기 때문에 벌레가 덤벼들었나 보다.

나는 결혼하기 전에 부모님 농사일을 도와드렸고 결혼 후에도 10년 동안이나 시부모님과 같이 농사일을 해보았다. 그래도 김장배추는 부모님들이 맡아 가꾸어 오셨기 때문에 직접 길러보기는 이번이 처음이다. 올가을에는 비가 자주 오지 않아서 다른 집 배추들은 가뭄이 심해 물을 대주느라고 야단들이지만 다행히도 우리 배추밭은 찰 진흙밭이라 가뭄도 타지 않아 배추가 잘 자라주었다.

그래도 배춧속이 들게 하려면 비료도 주고 물을 흠뻑 뿌려줘야 한다기에 비료를 한 포대 사서 넣어주고 물도 주었더니 거름 냄새를 맡아서인지 배추는 하루가 다르게 잘 자라주었다. 얼마 후 김장배추가 잘 자랐는지 보러 갔다가 깜짝 놀랐다. 며칠 전까지 예쁘게 잘 자라던 배추 몇 포기에 진딧물이 끼어있고 거염벌레가 배춧잎을 또 갉아 먹고 있었다. 거짓말을 좀 보태자면 새끼손가락만 한 벌레들이 배춧속에 겹겹이 붙어 새끼까지 쳐서 징그럽기도 하고 도저히 손을 댈 수가 없었다.

김장을 하려면 보름 정도는 더 있어야 하는데 농약을 줄 수도 없고 속이 꽉 차기도 전에 뽑는 것이 아까웠지만 그냥 놔두면 벌레들이 다른 배추로 옮겨갈 것 같아서 몇 포기 골라 뽑아서 집으로 돌아와 김치를 담았다. 배추가 연하고 달착지근하니 김치가 맛있었다. 그래서 거염벌레들이 배춧속을 먹으려 사정없이 몰려들었나 보다.

올가을에는 기온이 높아서 배춧속에 잎마름병이 걸렸다. 하지만 우리 배추는 다른 집 배추보다 늦게 심었기 때문에 다행히 병이 들지 않아 덕을 보았다. 대신 농약을 주지 않았기 때문에 벌레가 기승을 부려 더 놔두면 거염벌레한테 다 뺏길 것 같아 미리 뽑아서 김장을 담가야 했다. 비료는 한번 주었지만, 무농약으로 기른 배추로 김장을 담가 손님들한테 드릴 생각을 하니 기분이 좋았다.

식당을 운영하다 보니 우리는 김장을 많이 담근다. 그래서 김장을 하는 날은 잔칫집처럼 북적거렸다. 김장을 해서 나누어줄 형제들도 여럿이다 보니 오백 포기를 담그려면 동네 아주머니들이 총출동해서 배춧속을 넣어주곤 했다. 해마다 작은어머님이 손수 가꾼 배추로 김장을 담아 주셔서 큰 어려움 없이 지내왔는데, 이번에는 김장 담그는 일을 끝내고 나서 작은어머니가 "이제는 내가 기력이 쇠약해져서 올해까지는 도와줬지만 내년부터는 에미가 직접 김장을 담가 쓰도록 하여라." 하시며 배추 절일 때 사용하는 큰 고무함지를 세 개나 자동차에 실어주셨다.

작은어머니가 실어주신 고무함지를 자동차에 싣고 오자니 마음이 착잡하다. 그동안 식당에서 겨우내 쓸 김치를 작은어머님이 담가주시면 수고하셨다고 용돈 몇 푼 드리는 것으로 우리가 할 일을 다 했다고 생각했는데 이제는 힘이 부쳐서 못 하시겠다니…

고생은 했어도 내가 처음으로 농사를 지은 배추로 김치를 담가서 김치냉장고에 가득 채워놓고 보니 갑자기 부자라도 된 것처럼 기분이 뿌듯하다. 올해의 경험을 토대로 내년에도 내 손으로 농사지어서 김치를 담가 우리 가게를 찾는 손님들을 대접하고 싶다.

작별

초창기 글짓기반 회원이 난소암으로 사랑하는 가족을 뒤로하고 하늘나라로 가버렸다는 것을 회장님이 카페에 올려서 알았다. 요즘 주변에는 세 명 중 한 명은 암 환자라고 한다.

작년 유월에 나루문우회 선생님도 54세에 난소암으로 돌아가셨다. 선생님은 7년 전 신김포농협 글짓기반에서 수필 강사로 만났다. 수필 강의가 끝날 즈음 우리는 선생님과 헤어지기가 아쉽다며 한 달에 한 번씩 모여 수필 공부를 계속하기로 했다. 선생님은 수필 강의 외에도 재주가 많으셔서 수영, 제빵, 요리도 수준급이셨다. 공부하는 날에는 빵을 구워 오시고 연말에는 회원들을 집으로 초대해서 일식, 중식, 한식으로 골고루 음식을 차려 대접하시곤 했다.

그런 선생님이 두 달 정도 소식이 뜸하더니 어느 날 갑자기 회원들에게 연락을 해서 공부할 날짜를 잡으라고 하셨다. 오랜만에 만난 선생님은 머리에 가발을 쓰고 나타나셨다. 깜짝 놀라서 여쭈니 중국으로 문학기행을 가려고 날짜를 정해놨는데 갑자기 소화가 되지 않아 지인의 소개로 내과를 방문했는데, 의사 선생님께서 피 검사 결과가 안 좋게 나왔다며 암 센터에서 재검진을 받아보라고 권하여 검사를 받은 결과 난소암으로 판명되어 문학기행을 포기하고 항암치료를 받았다는 놀라운 소식이었다.

초기 증상이 어떠했느냐고 여쭈니 아픈 곳은 하나도 없고 수영을 할 때 다른 사람들에게 한 번도 뒤지지 않았는데 어느 날 뒤처지고 집안 청소마저 하기가 싫어지더라는 것이다. 선생님은 그 후로 항암치료를 받느라고 입 퇴원을 반복했지만, 항상 명랑함을 잃지 않아서 전혀 암 환자 같지가 않았다.

그런 와중에 엎친 데 덮친 격으로 부군께서도 위암 말기 판정을 받아 치료를 같이 받게 되었으니 선생님께서 힘들어하시는 모습에 우리들의 마음은 안타깝기 그지없었다. 선생님은 돌아가시기 전, 어느 문우님을 만나 이런 말을 했다고 한다. '신이 있다면 묻고 싶다. 내가 뭘 잘못했기에 나에게 이런 시련을 주시냐고.'

선생님은 부군과 함께 요양할 곳을 마련하려고 강화도의 휴양림이 있는 산 근처에 아담한 집을 구하여 계약을 남겨놓고 그만 병이 더 악화되어 입원하신 후 두 달이 채 안 되어 돌아가셨다. 사랑하는 가족을 남겨놓은 채…

"작년 『통진문학』에 낼 원고도 봐주셨는데, 선생님! 그곳에서 잘 계시는 거죠? 벌써 일 년이란 세월이 훽 지나가버렸네요. 사랑하는 이경애 선생님!"

아버지의 나뭇짐

해마다 강화 고려산에는 진달래 축제가 열린다. 그 덕분에 고려산에 올라서 고비 골짜기를 내려다보노라면 돌아가신 친정아버지 생각이 절로 난다.

지금은 집집마다 석유보일러나 가스보일러가 있어 땔감 걱정을 하지 않아도 되지만, 예전에는 땔감나무가 살림살이를 하는데 큰 비중을 차지하였다.

나 어릴 적, 아버지께서는 가을걷이가 끝나면 산으로 나무를 하러 다니셨다. 하루에 두 번씩 이곳 고비 골짜기까지 나무를 하러 다니시던 아버지 모습이 눈앞에 어른거린다. 겨울에 많은 눈이 오기 전까지 오전에 한 짐, 오후에 한 짐, 하루에 두 번씩 어김없이 나무를 해오셨다.

"아버지, 가까운 산을 두고 힘들게 먼 고려산 고비 골짜기까지 가서 나무를 해오세요?" 하면 "많은 사람들이 가까운 곳에서 나무를 하니까 좋은 나무를 해오려면 사람들이 기피하는 고비 골짜기로 가야 한다"고 말씀하셨다.

아버지의 나뭇짐은 동네 사람들의 나뭇짐보다 배나 더 커 보였다. 아버지께서 해 오신 나뭇짐을 풀어 아궁이에 불을 때노라면 아버지 키보다도 더 큰 억새풀과 싱아대, 오리나무, 진달래 가지, 고사리 풀들이 섞여 있었다. 나는 동생과 같이 나뭇짐에서 병에 꽂아 놓을 진달래 가지를 몇 가지 골라두었다. 이튿날 아버지께서는 우리의 마음을 읽으셨는지 나뭇짐에서 진달래 가지 한 묶음을 건네주시며 "이것도 함께 병에다 꽂아 놓으렴." 하셨다. 우리는 진달래 가지 묶음을 받아 들고 뛸 듯이 기뻤다.

지금의 진달래 축제가 없었다면 내가 고비 골짜기를 와보지 못했을 것이다. 어릴 때 말로만 듣던 고비 골짜기가 우리 집에서 이렇게 먼 곳인 줄도 몰랐다. 엄청 힘이 드셨을 터인데도 따뜻하게 겨울을 지낼 가족들을 위해서 이 먼 곳까지 나무를 하러 다녔을 아버지 생각을 하니 가슴이 저려 왔다. 집에서 이곳까지는 어림잡아 40분에서 50분은 족히 되리라 생각한다. 무거운 나무짐을 지게에 가득 지고 시리미산 등성을 넘고 사직골 뒷산을 거쳐 집에까지 져 나르셨으니 아버지의 어깨는 얼마나 아프셨을까.

아버지는 부지런도 하시어 겨울뿐만 아니라 음력 7월 무더위에도 도시락을 싸서 고려산 중턱에 있는 동네 이장님 댁 산을 빌려 나무를 벌목한 후 말리신 나뭇단을 지고 와 반은 이장님 댁에 부려놓으셨다. 예전에는 산 임자에게 돈 대신 나뭇단으로 셈을 한 것이다.

지금은 경운기가 있어서 짐을 나르는 데 무리가 없지만, 예전엔 동네 아저씨들과 품앗이를 해서 이틀 사흘씩 나뭇짐을 나르셨다. 그렇게 아버지는 여름에 나무를 해서 집 뒤곁에다 나무 낟가리를 쌓아 놓으셨고 농사일이 끝나는 대로 또 부지런히 나무를 하시어 낟가리를 하나 더 만들어 놓으시기도 했다. 비가 오거나 눈이 내리기 전에 아버지는 어머니 손을 빌리지 않고 언제나 먼저 부엌 나무 광에다 나무를 가득 쌓아 놓으시는 자상한 분이셨다.

겨울철 아버지는 손마디가 터지고 피가 맺히는 고통에 시달리셨다. 이럴 땐 벽장에서 글리세린을 꺼내어 성냥개비에 묻혀 등잔불에 올려놓아 녹아내린 글리세린을 터진 손에 바르시고 헝겊으로 배접을 하시곤 했다. 지금이야 반창고가 있어 약국에서 사다가 붙이면 되지만 그 시절에는 반창고가 귀한 시절이라 집에 있는 자투리 헝겊을 찢어 밥풀에 발라서 배접을 했다.

어머니가 결혼을 하고 난 뒤 외할머니께서는 어머니 일을 도와주려고 해마다 음력 칠월이면 우리 집에 다니러 오셨다. 나 어릴 적엔 음력 6월은 안 좋은 달이라 하여 이불 빨래도 삶지 않고 이사는 물론 결혼까지 금해왔다. 외할머니는 우리 집에 열흘 동안 묵으시면서 이불 빨래와 바느질 외에도 밭일까지 도와주고 가셨다. 외할머니께서는 엄마한테 너희 집에 오면 뒤곁에 있는 나뭇가리가 제일 부럽더라고 말씀하셨다. 그도 그럴 것이 외갓집에서는 산이 멀어서 땔감을 하러 다니기가 어려웠다.

외갓집에는 논배미가 보洑 안에 있어서 해마다 물이 잘 빠지지 않아 벼가 쓰러지고 흙으로 범벅이 되었다. 그 짚을 말려 일 년 내내 아궁이에 불을 때기 때문에 하시는 말씀이셨다. 그래서 외할머니께서는 우리 집에 쌓아 놓은 나뭇가리를 제일 부러워하신 것 같다. 나는 힘든 일을 하지 않아도 이렇게 어깨가 쑤시고 결리는데 아버지께서는 무거운 나뭇짐은 물론 모든 짐들을 지게로 져 나르셨으니 어깨가 얼마나 아프셨을까.

아버지가 돌아가시고 난 뒤 이제야 철이 들어 아버지한테 묻고 싶다. 아버지 그동안 얼마나 어깨가 아프셨냐고 말이다.

치매 1

고모님께서는 내가 식당을 운영할 때 돌아가신 친정어머니를 대신해서 5~6년 동안 많은 도움을 주셨다. 그런 고모님께 바쁘다는 핑계로 오랜만에 안부 전화를 드렸더니 대뜸 하시는 말씀이 "너 아직 시댁에 살고 있지."라고, 하신다. "고모님, 저 시댁에서 분가한 거 알고 계시잖아요." 하고 말씀드렸더니 "그랬구나", 하시며 말씀을 얼버무리신다. 고모님께서 치매에 걸렸다는 소식은 고종사촌 동생에게서 전해 들어 이미 알고 있었지만, 오늘처럼 현실로 다가올 줄 몰랐다.

오래전 옷 장사를 하실 땐, 당신 집처럼 드나들던 남대문 시장이었는데도, 시장 구경을 하시겠다며 집을 나선 분이 귀가를 하지 않으셨다. 자녀들이 경찰서에 신고를 하고 법석을 떨었다. 그런데, 밤 열 시가 넘자 다행히도 초조하게 기다리는 자식들 곁으로 돌아오셨다. 그제야 자식들은 고모님께 치매라는 몹쓸 병이 찾아온 것을 알게 되었다.

고모님의 나이 올해로 84세이시다. 오십 초반에 고모부와 사별하시고 혼자서 1남 4녀를 가르치고 출가시키느라 고생이 이만저만이 아니었다. 그나마 몸도 건강하시고 자녀들 모두가 잘살고 있어서 한시름 놓았는데, 치매라는 병이 찾아올 줄 그 누가 알았겠는가. 몇 달 전, 친정 오빠의 큰아들 결혼식에 고모님도 참석을 하셨다. 우리 아들 형제가 인사를 드리니 "너희들 어렸을 때 보고 오랜만에 만나보니 이렇게 몰라보게 자랐구나." 하시는 게 아닌가. 그 말씀에 맞은편에서 고종사촌 동생이 나를 바라보며 눈을 끔벅이며 신호를 보내왔다. 아마도 우리 애들과 함께 지냈던 몇 년의 기억을 까맣게 잊어버린 채, 아직도 어린아이들로만 생각을 하시는 것 같아 가슴이 시렸다.

아프시다는 소식을 듣고 진작 찾아뵈려고 했지만, 직장에 출근을 하는 데다 주말에는 경조사가 겹쳐서 여의치가 않았다. 친자식이라면 벌써 열 번도 더 찾아뵈었을 것인데, 한 치 건너 두 치인 조카딸이라서 그런지 찾아뵙는 게 생각처럼 쉽지가 않았다. 어렵사리 시간을 내었지만, 다른 동네로 이사를 가셔서 혼자 찾아가는 것이 어려울 것 같아 고종사촌 동생한테 도움을 청하기로 했다.

지난 선거날, 고종사촌 동생이 엄마한테 함께 가자고 연락이 왔다. 김포공항에서 용인 가는 리무진 버스를 타고 서현역에 도착하니 고종사촌 동생이 자동차를 가지고 미리 나와서 기다리다가 반갑게 나를 맞이했다. 고모님이 살고 있는 곳은 용인시청 맞은편 동네여서 자동차로 삼십여 분쯤 걸리는 거리였다. 동생은 엄마가 연세도 많은데 아파트 내 쓰레기 분리수거 하는 곳에서 물건들을 주워 집안으로 끌어들여 걱정이 이만저만이 아니라고 했다.

그래도 고모님은 워낙 깔끔한 분이어서 가져온 물건을 깨끗이 닦고 정리 정돈을 잘 해놓아서 그나마 그리 흉하지는 않았다. 오랜만에 만난 조카딸에게 요즘 젊은 사람들은 절약할 줄 모르고, 쓸 만한 물건들을 함부로 버린다며 신이 나서 당신이 챙겨온 물건들을 하나하나 보여주며 자랑까지 하신다. 힘드신데 왜 쓸데없는 물건들을 주워 들이세요, 라는 말이 목구멍까지 올라왔지만 차마 내색할 수 없어서 '살하셨어요.'라고 했다. 소일거리가 없어서 버려진 물건들을 주워 들이는데 취미를 붙인 것 같다.

고종사촌 남동생 내외는 요즘 젊은이답지 않게 보기 드문 효자이다. 휴가 때도 꼭 어머니를 모시고 다닌다고 한다. 미국에서 연수받을 때도 어머니를 모셔다가 렌터카로 한 달 동안 관광시켜드리기도 했다니 말이다. 그런데도 아들네나 요양병원엔 절대로 아니 가시고 혼자 조용히 살고 싶다며 고집을 부리셔서 자식들을 힘들게 하신다.

고모님의 타임머신은 결혼 전 60여 년 전으로 돌아가 강화 교동도 가는 길목, 다리를 건너기 전 양사면 전들이라는 동네에 사는 외갓집 외사촌 올케를 만나보고 싶어 하셨다. 외사촌 오빠는 6.25 동란 때 동네 이장 일을 보다가 이북으로 끌려가 총살을 당했다고 하셨다. 그러니 올케는 남편도 없이 여러 자식을 가르치고 출가시키느라 얼마나 고생을 많이 하였을까? 외사촌 올케를 생각하면 측은한 생각이 들어 꼭 한번 만나보고 싶다고 하셨다.

아마도 당신이 힘들게 살았던 기억 때문일 것이다. 그 말씀을 듣고 고종사촌 동생들과 의논을 하였다. 죽은 사람 소원도 들어준다는데 언제 돌아가실지 모르는 고모님의 소원을 들어 드리기로 했다. 생존해 계실지는 알 수 없지만, 고모님이 그토록 원하시니 꼭 확인시켜드리자고 동생들과 약속을 하고 헤어졌다.

오늘, 추석 선물을 택배로 보냈다고 고종사촌 동생으로부터 전화가 왔다. 고모님 안부를 물으니 남동생이 여름휴가를 이용하여 고모님이 주워온 물건을 다 처리하였다며 깨끗한 집안을 보고 있노라니 목에 걸린 가시를 뽑은 것같이 속이 시원하다고 한다.

주워온 물건에 애착심이 대단하신데 어떻게 처리할 수 있었느냐고 물으니 남동생이 급히 돈 쓸 일이 생겼는데, 돈이 모자라서 집 안에 있는 물건을 내다 팔아서 보태야 한다고 말씀드렸더니, 아들 일이라면 껌벅 죽고 못 사는 엄마인지라 흔쾌히 승낙하시더라고 했다.

이 지혜로운 아들 좀 보소. 어머니를 둘째 누나네 집으로 모셔다 놓고 부부가 이틀에 걸쳐 종량제 봉투 칠십여 개를 담아냈다고 한다. 일인용 장롱은 빼놓고도, 쓰레기 버린 비용이 이백사십만 원이 들었다는 동생의 말에 입이 딱 벌어져 다물지를 못했다.

넓은 집에서 편안하게 지내시라고 옮겨 드렸더니 쓰레기만 쌓아 놓는 것이 되었다고 했다. 이번 쓰레기를 치우고 방 두 개는 남동생이 아무도 드나들지 못하게 자물쇠로 채웠다고 한다. 혼자 살면서 방 세 개를 다 쓰면 관리비가 엄청 많이 나온다고 선의의 거짓말을 할 수밖에 없었던 동생의 마음이 오죽했을까. 안타깝기 그지없다. 힘들게 청소한 아들 생각해서 다시는 물건을 주워 들이지 않아야 하는데 새삼 걱정이다. 이번 추석 연휴에 고모님을 찾아 뵈려고 한다.

치매 2

사촌 언니는 부모님을 만나려고 먼 나라 독일에서 일 년에 한 번씩 귀국을 하여 두 달 동안 작은오빠 집에서 머물다 돌아가곤 한다. 큰아버지는 93세로 지난해 노환으로 돌아가셨고 큰어머니는 올해 95세이신데 치매 때문에 요양원 생활을 하신다.

사촌 언니는 50여 년 전, 첫 번째로 독일 간호사로 지원해 그곳에서 영주권은 취득했으나 결혼을 못 한 채 혼자서 살아간다. 사촌 언니는 어머니와 상봉은 했지만, 함께 생활하지 못한다. 그저 주말에 한 차례씩 작은오빠 집으로 어머니를 모시고 와 점심 식사는 음식점에서, 저녁은 오빠 집에서 드시게 한 후 다시 요양원에 모셔다 드리는 것으로 만족할 뿐이다.

그 와중에 사촌 언니가 쓸개에 생긴 담석 때문에 급작스럽게 수술을 받았다는 안타까운 소식이 들렸다. 냉동실에 보관하던 쑥으로 만든 쑥버무리와 어제 담근 순무김치와 오이지를 한 보따리 들고 여동생 내외와 함께 작은오빠 집으로 병문안을 갔다. 사촌 언니는 수술 시기가 늦어 쓸개에 염증이 심해 무척이나 고생을 했다 한다. 사촌 언니가 병원에서 가져온 담석을 우리에게 보여주는데 담석 덩어리가 무려 다섯 개나 되었다.

수술 후유증으로 병원에서 퇴원 후, 식사를 전혀 못 하고 죽으로 연명하던 사촌 언니가 순무김치와 오이지 덕분에 식욕이 당긴다며 점심상을 차리라 한다. 참 오래간만에 먹어보는 음식이라며 여간 맛있게 식사를 하는 것이 아니다.

식사를 끝낸 사촌 언니와 담소를 나누는데 작은 올케가 "이렇게 모이기도 어려우니 큰어머니가 계시는 요양원을 방문하는 것이 어떠하냐고" 한다. 안 그래도 큰어머니가 뵙고 싶었는데 마침 잘 되었다며 다 함께 요양원으로 향했다.

요양원은 인천 시내에 있는 작은 건물이었다. 현관문을 들어서는데 백발의 할머니 한 분이 신발장 앞에서 슬리퍼를 매만지고 있었다. 작은올케가 "엄마 뭐 하세요?" 하고 말을 건네자, 할머니가 힐끗 우리를 바라보는 것이다. 자세히 보니 큰어머니였다. 2년 만에 뵙는데도 몰라볼 정도로 많이 야위셨다.

요양원 거실의 큰 테이블에 둘러앉은 할머니들이 우리 일행을 물끄러미 바라보신다. 면회실에서 안내를 받고 그곳에 앉아있는데 큰어머니가 올케에게 이분들이 누구시냐고 물으셨다. "큰엄마, 제가 갑종이에요."라며 큰 소리로 말씀드리자 그제서야 나를 알아보시고는 "너는 옛날 모습이 그대로다. 그런데 옆에 있는 사람은 누구냐?" 하신다. "동생 지현이에요."라는 내 말에 "그래 네가 지현이구나. 큰엄마, 큰엄마, 하며 나를 잘 따라서 내가 너를 많이 업어줬다. 지현이는 어렸을 적에 예뻤단다."라고 말씀하시며 50여 년 전 일들을 잘도 기억하셨다.

그 옆에 있는 남자는 누구냐고 물어 지현이 신랑이라고 하니, 큰어머니는 참 준수하게 잘도 생겼다고 칭찬을 아끼지 않으셨다. 조금 전의 일들은 다 잊어버린 채 오래전 일만 기억하시는 것 같아 슬펐다.

작은 올케가 "엄마, 노래 잘하시죠, 조카딸, 조카사위가 왔는데 노래 좀 불러보세요." 하고 권하니까 망설이지 않고 가수 조미미가 부른 '바다가 육지라면'을 가사 한마디 틀리지 않고 간드러지게 부르셨다. 노래를 마친 큰어머니께 어쩌면 그렇게 노래를 잘하시냐고 추켜세워 드렸더니 내가 옛날에는 노래를 더 잘 불렀는데 이제는 다 잊어버려 잘 못 부른다고 신이 나서 말씀하셨다.

예전에는 종갓집 맏며느리로 손님 접대에 익숙하셨던 큰어머니가 작은 올케에게 "어미야, 뭐하냐. 여기 손님들 오셨는데 어서 밥 준비하고 한 상 잘 차려 내 오너라! 손님 대접을 잘해야지."라고 명령하신 뒤, 나에게 넌 누구냐고 또 물으시고는 너희 엄마는 어떻게 되었는지 궁금하다고 하셨다. "엄마 돌아가셨어요."라는 내 말에 큰어머니가 갑자기 슬픈 표정을 지으시며 "아래 동서인 너희 엄마가 나보다 나이가 어릴 터인데, 나이 든 내가 아직도 살아있으니 내가 너무 오래 살았나 보다." 하셨다. "큰어머니, 올해 연세가 어떻게 되세요." 여쭈니 "일흔다섯인가, 백 살까지 살면 어떻게 하냐?"고 하시면서 깔깔 웃으셨다.

요양원은 아래층에 여덟 분, 위층에 여덟 분, 모두 열여섯 분이 계셨다. 할머니들은 종이접기, 노래 부르기, 그림 그리기로 하루를 소일하신다. 큰어머니는 이곳으로 오신 후에 건강이 전보다 많이 좋아졌다고 한다.

큰어머니께 작별 인사를 드리고 나오려는데 큰어머니가 내 손을 꼭 잡으면서 "늙은이를 이렇게 찾아와줘서 고맙다."고 하신다. "다음에 또 뵈러 올게요." 하고 인사를 드리고 큰어머니를 뒤로하고 나서면서 내 미래를 보는 것 같아 가슴이 메어왔다.

오해와 진실

지난겨울 내가 출근하는 회사 주방에서의 일이다. 저녁 설거지를 하는데, 직원 한 사람이 식사 때 북엇국에서 구더기가 나왔다며 내 앞에 이물질이 든 접시를 불쑥 내밀었다. 당황한 나는 얼른 이물질을 두 손가락으로 비볐다. 구더기였으면 껍질이라도 남았을 터인데, 찌꺼기가 남지 않는 걸 보니 이건 분명 소고기 기름이다.

그날 점심에 소고기 뭇국을 끓였다. 헌데, 직원 여럿이 출장을 나가는 바람에 뭇국의 양이 많이 남았다. 전엔, 국이 아무리 많이 남아도 직원들의 위생을 생각해서 미련 없이 모두 쏟아 버렸다. 그런데 그날따라 아까운 생각이 들어 버리지 않고 북엇국에 섞어서 끓인 것이 사건의 발단이 될 줄이야…….

식당 운영 13년, 회사 주방에서 3년 합쳐 16년 동안 음식 만드는 일에 종사했다. 그동안 내가 만든 음식에 미세한 먼지나 머리카락이 얼마나 들어갔는지 알 수는 없다. 하지만 이물질이 음식에 들어간 적은 단 한 번도 없었다. 이 직원 앞에서 정확하게 시시비비를 가렸어야 하는 건데, 이런 일이 처음이라 당황스럽고 어찌할 줄을 몰라서 그냥 "구더기가 아닌데요?"라고, 말한 뒤 기름 찌꺼기를 쓰레기통에 쏟아 버렸다.

하던 설거지를 끝내 놓고 그 사람에게 사과를 하지 않은 채 퇴근을 했다. 헌데, 곰곰이 생각을 해보니 여름이라면 파리가 많아서 구더기가 생겼을 것이다. 해서, 음식물에 구더기가 들어갔을 거라고 인정은 하겠다. 하지만, 한겨울에 웬 파리가 날겠는가! 구겨지는 내 자존심 때문에 내 잘못을 인정하고 싶은 생각이 없어서 그냥 퇴근을 한 것이다. 그러나 마음 한구석이 화장실에서 뒤처리를 안 한 것처럼 꺼림칙하다.

다음 날 볼일이 있어 사무실에 들렀다. 그런데 여직원이 이모님, 할 이야기가 있다며 어제 식당에서 무슨 일이 있었냐고 물었다. 나는 솔직하게 어제 있었던 일을 자세히 설명하고 확실히 구더기가 아니고 소고기 기름이라고 설명했다. 내 이야기를 들은 여직원은 이해가 가는지 더 이상 문제를 삼지 않았다.

그런데도 별것도 아닌 것이 사무실까지 알려지다니 은근히 화가 나고 언짢았다. 게다가 이 오해가 전 직원들한테 알려지면 어떻게 하나 두려움이 앞서고 밤잠까지 설쳤는데, 오늘도 여전히 잠이 오지를 않는다. 문제를 제기한 그에게 바로 사과를 했으면 이렇게 마음이 무겁지 않았을 텐데…. 입장을 바꿔 생각해 보니 그가 기분이 안 좋을 수도 있을 것이다. 아마도 그의 집으로라도 찾아가 사과를 해야 할 것 같다.

주말과 휴일이 겹쳐서 집에 쉬고 있어도 영 개운치를 않았다. 현장에서 함께 일하는 직원에게 전화를 걸어 그 직원의 집이 어디냐고 물었다. "이모, 그러지 마시고 월요일 날 출근해서 그분에게 말씀드려도 늦지 않을 것 같아요."라고 한다. '사과' 어려운 단어, 내 잘못을 인정하는 것 같아 마음이 허락지 않는다. 하지만 매일 얼굴을 마주하는 사람끼리 사과를 하지 않으면 더 불편할 것 같아서다.

월요일 출근하자마자 그 직원에게 찾아가 죄송하다고 사과했다. 그런데 "앞으로 깨끗이 잘하세요."라고 하더니 '식당에서 식중독이라도 걸리면 어떻게 할 거예요.'라고, 큰소리를 쳐대는 게 아닌가! 순간, 가슴속에서 무언가 치밀었다. 그래도 침 한 번 꿀꺽 삼키고 사과를 하고 나니, 십 년 묵은 체증이 쑥 내려간 것처럼 답답한 가슴이 이렇게 평화로운 걸……

이번 일로 여러 날 마음이 불편했다. 그러나 지는 사람이 이기는 거야, 결코 지는 게 아니지. 내 인생에 큰 교훈을 얻었으니, 난 행복한 사람이다.

마냥모

출근길 버스를 환승하려고 양곡 정류장에 내렸다. 나와 함께 버스를 기다리던 어느 분께서 강화 교동에는 어제 소나기가 40밀리 내렸다고 한다. 목마르게 기다리던 비가 어찌나 반가운지 우산도 쓰지 않은 채 한참을 비를 맞았다며 흥분된 어조로 말씀하신다. 또, 순무를 심어야 하는데 밭이 메말라 씨앗을 못 넣던 차에 어제 내린 단비 덕분으로 순무를 심게 되었다며 좋아하신다.

올봄 가뭄에 이어, 가을 가뭄도 심해 어느 마을에서는 식수도 급수차로 받는 장면이 티브이 뉴스에 연일 이슈다. 전해 들은 이야기로는 올봄 가뭄 때문에 강화에 소방차 마흔다섯 대가 동원되어 늦어서야 천여 평에 마냥모를 심은 집도 있었다고 한다.

어느 날, 지인이 카카오톡으로 보내온 사진을 보니 강화 양사면 벌판 논배미마다 심어놓은 모가 비들비들 타 죽어가고 있는 게 아닌가. 이에 내 마음속도 새카맣게 타들어 가는 것 같다.

어릴 적, 다행하게도 우리 논배미는 개울이 가까운 곳에 있어서 비가 오지 않아도 별 문제가 없었다. 아버지께서 개울물을 막아 놓으시고 두레나, 무자위로 물을 퍼 올려 모내기를 하셨기 때문이다. 어머니 심부름으로 아버지께 새참을 가져다드린 후, 호기심이 발동해서 새참을 드시는 동안 물레방아를 닮은 무자위에 쪼르르 올라가 발을 디뎌보았다. 그런데, 보기와는 달리 꼼짝도 하지를 않았다. 젖 먹던 힘까지 다해 앞으로 내디디려 애를 써 봐도 자꾸만 몸이 뒤로 넘어가 내 힘으로는 도저히 감당할 수 없는 일 같았다. 이 광경을 지켜보시던 아버지께서 "위험하니 어서 내려오지 못하느냐?"고, 꾸중을 하시는 바람에 아버지의 눈치를 살피며 슬그머니 내려왔다.

마냥모를 내어도 수확이 가능한 시기는 할아버지 생신날인 음력 6월 초열흘쯤부터로 기억된다. 그 전에 내는 모는 조양모라고 한다. 어르신들께서 말씀하기를 밤송이를 겨드랑이에 끼고 대추가 콧속에 들랑날랑, 장맛비에 어디서 몰려들었는지 맹꽁이들이 마당 한구석 말 탑에서 '이제부터 내 세상이다' 하고 울어댈 때까지는 마냥모를 내어도 곡식 알갱이가 영근다고 하셨다. 즉, 밤송이 가시가 부드러워서 겨드랑이에 넣어도 따갑지 않고 대추가 콧속에 들어가도 불편하지 않을 정도로 아주 작을 때를 말하는 것이다.

이 시기가 지나면 모를 심어도 가을에 수확량이 떨어지기 때문에 흉년이라 했다. 마냥모는 아침에 낸 모와 저녁에 낸 모가 차이가 나기 때문에 마냥모를 낼 때는 각자 식구들이 서둘러 모내기를 했다. 시집간 딸이 시댁의 허락을 받고 친정에 올 수 있을 때도 마냥모를 낼 때였다. 마냥모 낼 때마저 놓치면 그 해 쌀농사는 더 이상 지을 수 없어 일 년 양식을 걱정해야 하는 것이다. 부엌의 부지깽이 손도 빌려 쓸 판이라 시집간 딸이 아이를 시댁에 맡기고 젖먹이 하나 달랑 업고서 친정에 와서 내는 모가 마냥모였다 아랫마을 친구의 고모도 그때 볼 수 있고 시집간 친구의 큰언니도 그때 보는 것이었다. 6.25 동란 때도 가뭄에 이어 비가 오자 마냥모를 내고 피난을 떠나기도 했다 한다.

조양모를 낼 때는 모를 서너 개 잡지만, 마냥모를 낼 때는 모 숫자를 넉넉하게 잡는다. 왜냐하면 마냥모는 가지치기를 못 하기 때문에 심어 놓은 그대로 성장을 해서 열매가 부실하기 때문이다.

요즘은 어지간한 가뭄이 아니면 저수지 시설도 잘 되어있고 관정을 파서 양수기로 물을 퍼 올려서 적기에 모내기를 할 수 있다. 김포 지역만 하더라도 농수로 시설이 잘 되어있어서 모내기를 적기에 끝낼 수 있다. 하지만 나 어릴 적에는 거의 천수답뿐이어서 하늘만 바라보며 농사를 지었다. 때문에 비가 내리지 않으면 마냥모를 낼 수밖에 없었다. 어느 해인가는 올해처럼 가뭄이 극심하여 식구들끼리 말뚝모를 내기도 했다.

우리 논배미 한가운데 물웅덩이가 있었다. 덕분에 아버지는 큰 바가지에 긴 막대를 묶어 샘물을 논배미로 퍼 올리시고 우리 식구들은 호미로 젖은 논바닥을 파가며 말뚝 모내기를 하던 기억이 새롭다.

사업을 한다는 빌미로 고향 강화를 떠나온 지 스물여섯 해, 몸은 타향에 있지만 마음속 깊은 곳에는 언제나 고향이 그립다. 그래서 인가 가뭄으로 모심기를 못 하는 내 고향 소식에 마음이 안타깝다.

몇 해 전부터 강화 지역 대표들이 가뭄 피해에 대비해서 한강물을 끌어오는 농수로 사업을 정부에 건의했다. 하지만 예산 부족으로 뜻을 이루지를 못하였는데, 올봄 박근혜 대통령께서 40년 만의 가뭄이라는 강화 화도면 가뭄 현장을 방문해 군민들의 고충을 듣고 한강 물을 끌어오는 농수로 사업을 적극 지원하기로 약속하였다 하니 한시름 놓인다.

이제 한강물이 들어오면 앞으로는 가뭄이 들어도 마냥모는 내지 않을 것이다, 마냥모는 내 어릴 적 추억의 한 페이지로 기억될 것이다. 노후 대책으로 늦은 나이에 회사로 출근하는 내 모습이 마냥모가 아닐까, 라는 생각을 하니 발걸음이 가벼워진다. 맹꽁! 맹꽁! 맹꽁! 고향에서 듣던 정겨운 맹꽁이 소리가 귓가를 맴돈다.

* 두레, 무자위 : 물을 퍼 올리는 도구. * 말탑 : 퇴비를 저장해 두는 곳.
* 조양모 : 일찍 적기에 내는 모. * 마냥모 : 늦게 내는 모.

생율을 치다

모례가 설이어서 제수를 사러 마트로 갔다. 집에 몇 가지 준비되어 있는 것을 빼고 필요한 물건을 적은 메모장을 꺼냈다. 우선 생율이 먼저 눈에 들어와 가격을 보니 5000원이 찍혀있다. 한 팩에 열서너 개 정도인데 아무리 명절이지만 비싸도 너무 비싼 가격이다. 혼자 준비하는 것이 버거워 이번 명절에는 생율을 사서 써야겠다고 마음먹고 나왔는데 옆에 놓인 알밤 망을 보니 사십여 개쯤 남거있는데 가격은 2500원이다. 망설임 없이 알밤을 카터에 실었다.

생율을 보고 있으려니 어릴 적 생율을 치시던 친정아버지의 모습이 떠오른다. 큰집에는 유독 기제사가 많았다. 제삿날 저녁이면 큰아버지를 비롯하여 아버지, 작은아버지까지 함께 둘러앉아 생율을 치셨다. 그 시절만 해도 아이들 간식거리가 부족했던 터라 제삿날이 돌아오면 우리는 뛸 듯이 좋아했다. 생율을 치는 아버지 앞에 동생들과 바짝 붙어 앉아 아버지 손길 따라 눈동자를 위아래로 굴리며 군침을 삼키다 자투리를 얻어먹던 기억이 새롭다.

먼저 숫돌에 작은 과도를 갈아 준비하고 크고 튼실한 밤을 골라 껍질을 벗겨 냉수에 담가 놓았다가 건져서 섬세하게 생율을 치는 모습은 예술이었다. 그러다가 쌍둥밤이라도 걸리면 우리는 횡재를 한 기분이었다. 왜냐하면 쌍둥밤을 제사상에 올리면 후손이 쌍둥이를 낳는다는 속설이 있기 때문에 쌍둥밤은 우리 몫이 되기 때문이었다. 친정아버지께서는 동네 경조사나 집안 대소사에 뽑혀 다니며 과방을 맡아 상차림 굄새를 하셨다. 지금은 차례상이나 기제사를 간소하게 차리지만, 예전만 하더라도 기제사에도 어른 손으로 한 뼘 넘게 굄새를 괴곤 했다.

차례상에 올릴 음식 준비를 끝내고 어릴 적 보아왔던 기억을 더듬어 직접 생율을 쳐보기로 했다. 밤껍질을 벗기고 먼저 납작한 부분의 속껍질을 깎고 반대쪽 볼록한 부분도 아낌없이 깎아냈다. 앞뒤 중심을 한 바퀴 돌려 깎은 후 왼쪽으로 돌려치며 각도를 맞추니 아버지가 치던 생율 모양이 얼추 완성되어간다. 아버지처럼 각도 있고 예쁜 모양은 부족했지만, 첫술에 배부르랴, 자꾸 하다 보면 언젠가는 아버지가 하셨던 것처럼 섬세한 모양이 나올 것이다. 그러다 보니 예전에 어른들이 하셨던 말씀이 생각난다. 똘똘한 사내아이를 보시면 "허허 그놈 참, 깎은 밤톨처럼 잘도 생겼구나, 라고 칭찬하시던 말씀이…

생율을 열대여섯 개쯤 치고 나니 시계가 명절날 새벽 두 시를 가리킨다. 애들 아빠는 꿈속에서 돌아가신 부모님이라도 만나는지 코를 골며 깊은 잠에 빠져있다. 큰애는 모처럼 만난 친구들과 어울리다 현관문을 열고 들어선다. "지금까지 뭐 하세요?" 묻는 아들한테 종손이 되어 엄마한테 생율 치는 일까지 시키냐며 다음 명절 때는 엄마가 가르쳐 줄 테니 네가 책임지라고 말했더니 아들은 껄껄 웃으면서 "알았어요. 다음부터는 제가 할게요"라고 답하며 자기 방으로 들어간다.

깎아 놓은 생밤 같은 아들이 내게 한 말에 왠지 기분이 좋다. 그리고 결혼식 날 폐백드리는 자리에서 시어머니가 알밤을 던져주며 그것을 치마폭에 펼쳐 잘 받으라는 이유를 조금은 알 것 같다. 알밤 같은 아들을 그렇게 치마폭으로 감싸듯 애지중지 키워서 제삿날이면 조상님 앞에 보란 듯 더욱 반듯한 생율로 쳐서 예쁜 자식의 모습으로 대를 이어 보여주는 것이라는 생각을 하니 우리 듬직한 아들의 정성스런 솜씨를 볼 다음 명절이 기다려진다.

* 과방 : 잔치 때 준비한 음식을 보관하던 방.

요리 실습

명절을 앞두고 들기름을 짜려고 현관을 나서는데 남편이 오는 길에 마트에 들러 무와 버터를 한 개씩 사 오라고 했다. 궁금해서 어디에 쓰려느냐고 물으니 요즘 티브이에서 인기리에 방송 중인 요리 프로에서 배운 조리법으로 무나물을 만들어 보고 싶다는 것이다.

여동생들이 많은 가정에서 성장한 남편은 결혼 후 우리가 식당을 운영했는데도 요리는커녕 제 손으로 라면 하나 제대로 끓일 줄 몰랐다. 그런 사람이 요리를 해보겠다며 재료를 주문하다니 새삼 놀라울 따름이다. 방앗간에 다녀오는 길에 무와 버터를 사다 주니 "들기름을 새로 짜온 기념으로 오늘 점심은 내가 무나물을 만들어 볼 참이오. 당신도 옆에서 좀 거들어 주시오."라고, 한다.

남편은 메모한 조리법을 몇 번이고 들여다본다. 먼저 무를 한 사발가량 채 썰고 팬에 들기름을 소주잔 반 컵 넣은 후 송송 썬 대파를 한 컵 넣고 살살 저은 뒤 거품이 올라오면 무채 썬 것을 함께 넣어 볶는다. 이어 다진 마늘 반 수저, 진간장 삼 분의 일 컵, 설탕 한 수저, 쌀뜨물 반 컵을 넣은 후 볶기를 하면서 들깻가루나 깨소금을 넣고 간이 싱거우면 소금을 살짝 뿌려주면 끝이다.

처음 만드는 요리라 긴장했는지 이마에 흐르는 땀을 연신 손등으로 닦아낸다. 이제 다 만들었으니 당신이 먼저 맛을 보라며 무나물을 젓가락으로 집어 내 입에 넣어주었다. “와~ 맛이 훌륭하네요.” 나는 엄지손을 높게 쳐들고 남편을 향해 최고를 외쳤다. 남편은 이어서 작은아들이 좋아하는 버터와 계란을 재료로 ‘스크램블’이란 계란 요리를 만들어 본다고 한다. 계란 세 개, 우유 반 컵, 소금과 설탕은 소량을 넣고 버터는 소주 컵으로 삼 분의 일 컵, 팬에 버터를 녹인 뒤 풀어 놓은 계란을 넣어 불은 약하게 줄여준 다음 위에서 아래로 오른쪽에서 왼쪽으로 저어 주면 부드러운 ‘스크램블’ 요리도 끝이다. 작은아들이 ‘스크램블’ 요리를 먹어보더니 엄지손을 치켜들며 역시 우리 아빠 최고를 외쳤다.

직장에서 퇴직한 분들이 50~60세 늦은 나이에 요리를 배우러 학원을 열심히 다닌다는 얘기는 예전에 들어 익히 잘 알고 있다. 백세 고령화 시대와 맞벌이 시대로 접어들면서 이제는 남자분들도 요리에 관심을 가져야 될 것이다. 그래야 여자들도 마음 편히 여행도 떠나고 친구들 모임에도 참석할 수 있지 않을까. 더구나 안타까운 일이지만 아내가 먼저 세상을 떠날 수도 있지 않은가.

우리 남편이 요리에 관심을 가지리라고는 전혀 생각도 못 했다. 4년 전에 대형마트에 밀려 22년 동안 운영하던 야채가게를 접게 되었다. 이때 나의 혼이 깃든 식당도 함께 넘겨주었다. 사정이 이렇다 보니 다른 일자리를 구하기 어려운 남편은 집에서 쉬게 되고 잠시도 가만히 있지를 못 하는 내 성격 탓에 회사 식당에 조리사로 취업을 했다. 때문에 남편은 집안일을 돌보고 급기야 라면도 손수 끓여 먹고 밥도 짓고 설거지도 하는 것이다. 짬짬이 반찬도 만들어 놓고 밥상도 차려 주지만 내가 집을 비우고 출근을 하다 보니 우리 남편 불편한 게 한두 가지가 아닐 게다.

목마른 사람이 먼저 우물 판다는 속담이 있듯이 요리 프로에 관심을 보이면서 남편의 생각이 바뀌어지는 것 같아서 기쁘다. 나로서는 기대해도 좋을 일, 이 세상 참 살아볼 만하지 않은가. 우리 남편이 어디까지 변하는지 말이다.

세시 풍습

오늘은 정월 열나흗날이다. 남쪽 지방에서는 보름날 오곡밥을 짓지만, 우리 경기도 지방에서는 열나흗날 오곡밥을 짓는다.

하루 전날 물에 담가서 불린 오곡밥 재료를 깨끗이 씻어서 먼저 밥을 안쳤다. 오전 배달을 끝내고 퇴근하는 시동생에게 오곡밥을 들게 하려고 서둘러 작년 가을에 준비해서 미리 삶아놓은 묵은 나물을 몇 가지 볶아놓고 밥상을 차리는데 어릴 적, 어머니께서 무쇠솥에다 들기름을 듬뿍 두르고 묵은 나물을 볶으실 때, 부엌을 연신 들락거리며 맨손가락으로 집어먹던 그 나물 맛의 향기가 되살아나 어머니가 그리워졌다. 하지만 어머니의 피를 받았는데도 내 손맛은 어머니가 만들어 주던 손맛과는 비교가 안 된다.

어머니께서는 보름날이면 오곡밥을 지어 나물과 함께 키에다 담아 제일 먼저 외양간의 소에게 가져다주셨다. 나는 그것이 궁금해서 "어머니, 왜 식구들은 아직 먹지도 않은 오곡밥을 소부터 먹이세요?" 하고 물었다.

내 말에 어머니께서는 '농에'소가 오곡밥을 먼저 먹으면 그 해 농사가 풍년이 들고 나물을 먼저 먹으면 흉년이 든다고 하셨다. 올해 농사가 풍년이 들지 흉년이 들지 궁금하여 먼저 소한테 가져다주는 것이라면서, "올해는 녀석이 오곡밥을 먼저 먹었으니 풍년이 들겠구나." 하는 어머니의 얼굴에 웃음꽃이 활짝 피었다. 어머니는 또 식구 수대로 오곡밥을 밥그릇에 퍼 담아놓고는 밥그릇마다 젓가락으로 세 번씩 덜어내어 네모로 자른 창호지에 곱게 싸서 안뜰 우물 속에 살고 있는 붕어에게도 넣어주셨다.

설날보다도 추억거리가 더 많은 정월 대보름날에는 찹쌀, 좁쌀, 수수, 팥, 콩 등 다섯 가지 곡식을 섞어서 지은 밥을 성이 각각 다른 집과 나누어 먹어야 그 해 운수가 좋다고 해서 이웃들과 나누어 먹었다.

예전에는 아홉이라는 숫자에 의미를 두었던 옛 풍습이 있었다. 나무를 아홉 번 해오고 마당도 아홉 번 쓸고 마루와 방의 걸레질도 아홉 번, 오곡밥도 아홉 번 먹었다.

이날은 점심 겸 저녁으로 일찌감치 오곡밥을 해 먹고 보름달이 뜨기 전에 재빨리 부엌에서 나와야 했다. 때문에 안방 윗목에다 두레반상을 펴놓고 나물과 반찬을 차려 상보로 덮어두고 한 밥통 가득 퍼 담은 오곡밥을 따듯한 아랫목에 묻어놓고, 수시로 드나들면서 식구들과 함께 퍼먹기도 했었다.

일 년 중 첫 번째 찾아오는 정월보름을 우리 조상님들은 더욱 소중히 생각하여서 대보름이라고 부르고 정월 대보름날 뜨는 보름달을 보며 제각기 한 해 소원을 빌면 그 소원이 이루어진다고 해서 어머니는 모닥불을 피워놓고 볏짚에 불을 붙여서 우리들과 함께 "달님! 달님! 올 한 해도 우리 아이들 몸 건강하게 지켜주시고 공부도 잘하게 도와주세요."를 빌었다. 기도가 끝나면 자식들을 한 명씩 번쩍 들어 올려서 모닥불 위로 넘겨주셨던 생각도 오롯이 떠오른다.

새벽녘 이불속에서 부럼을 깨물며 "일 년 열두 달 무사태평하고, 종기나 부스럼이 나지 않게 해 주십시오"를 축수하며 동네 사람들을 만나면 상대방 이름을 부르며 내 더위 사가라고 더위를 팔기도 하고 이날 아침에 귀밝이술을 마시면 어른들은 귀가 밝아지며 또 그 해 일 년 동안 즐거운 소식을 듣는다고 하여 남녀노소 모두가 청주를 데우지 않고 마셨다고 했다.

보름달이 중천中天에 떠오르면 길 건너편 논둑에서는 친구들의 멋진 쥐불놀이가 한창이었다. 딸아이가 사내애들과 어울리는 것이 편치 않았던 어머니의 성화 때문에 그 재미있는 쥐불놀이도 못

하고 멀리서 구경하는 것으로 안타까운 마음을 달래야만 했다.

세시 풍습에도 조상들의 지혜가 담겨있어서 짐승인 소牛에게도 사람과 버금가는 귀한 대접을 하셨다. 심지어 우물 속 붕어에게조차 보름 음식을 나눔하셨던 어머니, 명절날 이웃들과의 나눔에 대한 깊은 사랑을 헤아리며 오늘 우리 식당에 오시는 모든 손님들에게 오곡밥을 많이 지어 여러 가지 나물과 함께 푸짐하게 식사를 대접해 드려야겠다. 하늘나라에 계신 우리 어머니 내 딸 참 대견하다고 기뻐하실까?

* '농에'소 : 농사짓는 소

오는 정 가는 정

이 각박 세상에 중복날, 이웃에게 토종닭을 선물 받았다.

"어머니, 옆집으로 새로 이사 오신 아저씨가 닭을 가져오셨는데 어떻게 할까요?" 하고, 작은애가 폰으로 알려왔다. "엄마가 퇴근해서 요리를 할 터이니 냉장고에 잘 보관해라" 하고는 전화를 끊었다.

며칠 전 현관문 앞에서 예순 중반쯤 되어 보이는 아저씨가 "옆집에 새로 이사 온 사람인데요, 뭐라도 사다가 드려야 할 텐데, 하고 뒷머리를 긁적이며 머쓱한 표정으로 인사를 하더니 오늘 닭을 가져오셨나 보다.

집에 도착해보니 토종닭이 두 마리다. 우선 한 마리를 손질해서 닭볶음탕용으로 양념을 해 가스불에 올려놓고 "복날에 우리도 옆집에 수박이라도 한 통 사다 드리는 것이 어떠하냐고 남편한테 의논하니 좋은 생각이라 한다. 토종닭 받은 답례로 작은애에게 부탁해서 사 온 수박 한 통을 전해드렸다.

며칠 후에는 먹음직스럽게 잘 읽은 복숭아를 가져오셨다. 손님이 사 오셨는데 먹을 식구가 없어 나누어 가져온 것이라 한다. 가져다주면 우리야 잘 먹기는 하지만 왠지 마음에 부담이 된다. 예전에는 새로 이사 온 집에서 시루떡을 돌리며 동네 사람들에게 인사를 했다. 동네 주민들은 이사 온 집에 불 일어나듯 부자가 되라는 뜻으로 성냥과 초, 빨랫비누를 선물하면서 서로 인사를 나누었다.

20일쯤 지나 말복 날이라고 토종닭 한 마리를 또 가져오셨다. 귀한 토종닭을 자주 가져오는 것을 보면 아저씨 친척이나 친구 중에 토종닭을 기르는 분이 있는 게 아닌가 하고 궁금증이 들기도 한다. 이러고 보니 우리가 염치없이 받아만 먹을 것이 아니라 보답을 해야 하는데 무엇을 드려야 하나 생각 끝에 열무김치를 담아서 나누어 드리기로 했다. 열무김치를 한 보시기 담아다 드리고 이번 추석 명절에는 송편을 빚어 한 접시 가지고 갔더니 먼저 뵙던 아저씨는 보이지 않고 낯모를 아저씨가 혼자 계셨다. 무슨 연유는 모르겠지만 옆집에는 아저씨 두 분이 같이 살고 계시는 듯하다.

단독 주택에서 살다가 아파트로 이사 온 지 5년이 지났지만, 옆집에 누가 사는지 위층에 누가 살고 있는지 궁금해하거나, 알려고 하지도 않았다. 그런데, 이번 옆 집 아저씨들을 통해 많은 것을 깨닫게 되었다. 먼 친척보다 이웃사촌이 더 낫다는 속담이 있듯이 이웃끼리 인사를 나누고 먹을거리 나눔을 통해 서로 가깝게 지낼 수 있다는 것이 사람 살아가는 정이 아닌가 한다.

모처럼 좋은 이웃을 만났는데 아쉽게도 얼마 후, 이사를 해야 한다. 이사를 하더라도 옆집 아저씨의 마음을 잊지 말고 맛있는 음식을 만들거나 물건이 생기면 나누어 드려야겠다.

검지

아기를 품에 안은 아기엄마가 버스에 탔다. 엄마 품에서 검지를 빨며 쌔근쌔근 잠든 아가의 모습이 여간 귀여운 게 아니다. 짓궂은 타임머신은 아기를 바라보는 내 기억의 메모리를 56년 전, 검지를 입에 물고 다녔던 어린 시절로 되돌려 놓는다.

남동생과 나는 두 살 터울이다. 내가 돌 지나자마자 동생을 갖게 된 어머니는 젖이 부족한 탓에 욕구불만으로 손가락 빠는 버릇이 생긴 것 같다고 하셨다. 지금처럼 우유와 이유식이 넘쳐나는 세상이 아니라, 6.25 전쟁 직후여서 식구들 먹을 양식도 부족했기 때문에 다른 이유식은 생각도 못 하던 시절이었다.

내가 첫돌이 다가오자 어머니는 돌떡으로 수수팥단지를 해주려고 읍내 장바닥을 돌아다니셨단다. 하지만 장터에 수수쌀이 없어서 돌떡을 해줄 수가 없어 못내 아쉬웠다는 말씀을 여러 차례 하셨다. 모든 자원이 부족한 때여서 가마솥에서 누룽지를 긁어 작은 손에 쥐어주면 그것으로 만족해야 했다.

큰오빠는 손가락을 입에 넣는 내 버릇을 고쳐보겠다는 생각으로 빨갛게 익은 매운 고추를 검지에 끼워주었다고 한다. 하지만, 곧바로 떼어버리고 얼른 손가락을 입으로 가져가더라며 버릇이 참 무섭더라고 했다.

또 큰댁 제삿날, 작은아버지, 작은어머니와 함께 건넛방에서 잠자리에 들었는데 어디선가 찍찍거리는 소리가 들려와서 작은아버지는 방에 쥐가 들어왔나 하고 벌떡 일어나 불을 켜고 다듬이방망이를 찾아들고 보니 내가 손가락을 빨며 곤히 자더라는 것이다. 쥐 잡는 일은 해프닝으로 끝나고 이튿날, 온 가족이 모인 아침 밥상머리에서 그 말씀을 하시어 모두 웃음바다를 이루었다고 한다.

식구들은 위생상 좋지 않은 내 손가락 빠는 버릇을 고쳐보려고 무던히도 노력했지만, 매번 실패로 끝나고 내가 일곱 살이 되던 해에 버릇을 고치게 되었다.

이유인즉 친구 집에 놀러 갔는데 친구 어머니가 손가락을 빠는 나를 보신 후 "이년아, 옥희, 영숙이, 부익이 등 친구들은 모두 학교에 가는데 너는 손가락만 빨고 학교도 안 갈 거니! 선생님이 손가락 빠는 아이는 학교에 오지 말라고 하셨는데?"라고 호통을 치는 바람에 그날 이후 손가락을 빨지 않았다는 게 어머니의 말씀이다. 친구들은 모두 학교에 입학하는데 나 혼자 학교에 못 가면 어떻게 하나 더럭 겁이 나서 단번에 버릇을 고치게 된 것이다.

꼬깃꼬깃 구겨진 유년의 기억을 펼쳐보니 면사무소 직원들이 입학원서를 가지고 마을 어귀로 들어설 때, 그 직원들이 들으라는 듯 친구들과 함께 산등성이에 앉아 "학교 종이 땡땡땡~", "산토끼 토끼야~"를 목청 높여 불러댔었다. 그만큼 학교에 입학한다는 기쁨이 손가락 빠는 버릇과 맞바꿀 만큼 컸던 것이다.

손가락을 얼마나 심하게 빨았던지 두 손을 내밀어 대어보면 왼쪽 검지보다 오른쪽 검지가 훨씬 더 가늘어 보였다. 아버지는 동생한테 엄마의 사랑을 빼앗긴 딸이 안쓰러워 밤마다 당신 품 안에 꼭 끌어안고 내 등을 쓸어주며 잠을 재워주셨다. 그 후로 나는 아버지가 잠자리에서 등을 쓸어줘야 잠이 드는 버릇이 또 하나 생겼다.

이순耳順이 지났는데도 어머니의 따뜻한 젖가슴이 그립고, 거친 손으로 등을 쓸어주시던 자상한 아버지의 품 안이 마냥 그리워지니 아마도 나이 들수록 추억을 먹고 사나 보다.

새 생명을 받다

벌써 삼십 년 전 일이다. “할머니 도와주세요.” 친정 부모님 생신날이라 저녁을 먹고 집으로 돌아와서 옷을 막 갈아입을 때였다. 이웃 언니네 집에 다니러 온 보영이 이모가 다급하게 어머님을 찾았다. 언니가 해산을 하려고 한다며 도와 달라는 것이다.

셋째 시누이가 해산달이어서 어머님이 딸네 집에 가셔서 안 계신다고 말했더니 언니라도 와서 도와 달라며 간청했다. 친정어머니가 늦둥이 막내 여동생을 낳으실 때 작은어머니 옆에서 보조를 해본 경험은 있지만 갓난아기를 받는 것은 처음이라 “나는 아기를 안 받아봤는데, 어쩌나……” 하고 망설였더니 병원에 가려고 택시를 불렀는데 택시가 오기도 전에 아기가 나오려고 한다면서 내 손을 잡아끌었다. 얼떨결에 끌려가 보니 산모는 진통이 심한지 고통을 호소하고 있었다. 다행히 초산이 아니기 때문에 산모가 침착하게 행동을 하고 있어서 마음이 놓였다.

먼저 가스레인지에 물부터 올려놓고 가위를 소독했다. 아기 받을 자리에 요를 깔아놓고 실을 찾아 준비한 후 산모를 살펴보니 아기의 까만 머리가 보이는 게 아닌가. 얼떨결에 따라가기는 했지만, 막상 아기 머리를 보니 당황해서 가슴이 떨렸다. 다리까지 후들거리며 손까지 떨렸다. 그래도 정신을 가다듬고 산모한테 아기 머리가 보이니 좀 더 힘을 주라고 말했다. 산모가 힘을 줄 때마다 나도 산모와 같이 두 주먹을 쥐고 힘을 주었다. 그렇게 몇 차례 산모가 힘을 주고 시간이 흐른 뒤, 털썩하고 아기가 방바닥으로 떨어졌다. 아기가 태어난 것이다. 뒤이어 탯줄도 따라 나왔다.

순산이었다. 산모가 침착하게 일어나 앉아서 아기 탯줄을 잡고는 나더러 중간에서 양쪽으로 한 뼘 정도 탯줄을 훑어서 실로 묶은 뒤 소독한 가위로 가운데를 자르라고 말했다. 산모가 시키는 대로 탯줄을 자르고 나니 아기가 울지를 않는다. 이러다 아기가 잘못될까 싶어 다급한 마음에 TV에서 산부인과 의사가 하던 것처럼 아기 발목을 잡고는 거꾸로 들고 엉덩이를 한 대 때렸더니, "으앙" 하고 아기가 울음을 터뜨렸다.

새 생명이 탄생한 것이다. 잠깐 동안 모든 일을 정신없이 치른 뒤라 산모도 나도 얼굴과 등줄기에 땀이 범벅이 되었다. 땀을 닦고 산모 뒤처리를 끝내고 나서야 아기 아랫도리를 들여다보니 고추였다. 딸 셋을 낳고 아들을 낳은 데다 산모도 아기도 무사하니 나도 얼마나 기쁜지 "고추에요!" 큰 소리로 외쳤다. 산모도 조금 전 고통을 잊어버리고 기뻐했다. 준비된 목욕물에 아기를 정성껏 씻긴 뒤 배냇저고리를 입혔다. 기저귀를 채워주고 속싸개를 싸려는데 벌써 아기가 주먹을 입에 넣어 빨고 있었다.

아기 아빠는 군인이라 그날따라 훈련을 나가고 집에 없었다. 남편도 집에 없고 아기는 나오려고 하고 산모가 얼마나 당황했을까. 얼마나 급했으면 우리 집으로 동생을 보냈을까 하고 생각을 하는데, 아기 이모가 미역국을 끓여 첫 국밥을 들고 나왔다. 산모가 나한테 고생하셨는데 같이 먹자고 권해서 그 미역국을 같이 먹었는데 얼마나 맛이 있었던지 그날 먹은 그 미역국 맛을 나는 지금도 잊지를 못한다. 그 시절만 해도 병원에서 미리 태아 성별을 알려주지 않았다. 하여 소식을 들은 아기 아빠도 그 기쁨은 두 배라고 생각한다.

아기 이름을 준영이라고 지었다고 했다. 준영이의 생일이 음력 9월 스무사흗날, 친정 부모님과 같은 날이라 나는 지금도 그 아이의 생일을 기억하고 있다. 훤칠하게 자란 준영이를 보면 가슴이 떨리고 다리가 후들거리던 그날의 기억이 어제 일처럼 생생하게 떠오른다. 세월이 많이 흘렀다. 그때 그 아기가 건강하게 자라서 아버지 뒤를 이어 해병대에 입대해 지금은 백령도에서 근무하고 있다. 그곳에서 아가씨를 만나 결혼도 하고 토끼 같은 두 아이도 생겼다고 하니 고맙기도 하고 대견하기도 하다. 모쪼록 아이들과 행복한 나날이 되기를 기원해본다.

취미 지켜보기

남편의 축구사랑은 대단하다. 영국 프리미어리그 축구 개막전이 8월 12일 시작한다고 지난 7월부터 손꼽아 기다릴 정도로 축구에 관심이 많은 사람이다.

드디어 오늘은 영국 축구 잉글리시 프리미어리그 개막전이 있는 날이다. 지난 오월에 끝난 경기에서 20개 팀의 순위를 뽑아 올 8월에 다시 시작을 해서 내년 5월을 끝으로 한 팀이 총 38경기를 치르는 시합이다. 첫 경기로는 전 시즌 5위를 한 아스날팀과 17위를 한 레스터시티팀이 경기를 치르는 날이다. 아스날팀에는 유명한 독일 선수 외질이, 레스터시 팀에는 일본 선수 오카자키 신지가 소속되어 있다.

아스날팀은 20년 동안 지휘봉을 잡아온 벵거 감독이, 레스터시티팀에는 전직 클라우디오 라니에리 감독이 지난 2월 경질된 이후 새 사령탑 크레이그 세익스피어 감독이 맡게 됐다. 경기는 이기면 3점, 비기면 1점, 지면 0점으로 9개월 동안 승점을 가산해 우승팀을 뽑는 경기다. 지난해에는 첼시팀이 우승을 했고 우리나라 손흥민 선수가 소속되어 있는 도트넘홋스퍼팀이 준우승을 했다.

남편은 우리나라 국가대표 선수들의 경기도 좋아하지만, 남편의 축구 사랑이 시작된 것은 영국 맨체스터 유나이트팀에 소속되어 있던 박지성 선수 때부터였다. 남편이 응원하는 팀은 당연히 맨체스터 유나이트였는데, 현재는 손흥민 선수가 소속되어 있는 도트넘으로 바뀌었다. 그러다 보니 스포츠 경기를 좋아하는 나 역시 남편과 함께 축구 경기를 자주 시청하게 되고 골인 장면을 보면서 가슴속에 쌓였던 스트레스를 확 날려 보내기도 한다. 내가 알지 못하는 선수들의 이름과 축구에 대한 용어, 어느 선수가 천문학적 몸값을 받고 다른 팀으로 이적을 했다는 등을 자상하게 가르쳐주는 남편과 자연적으로 많은 대화를 나누게 된다.

손흥민 선수가 골을 넣었을 때의 일이다. 남편은 앉았던 의자에서 벌떡 일어나 두 주먹을 쥐고 껑충 뛰어오르며 좋아했다. 깜짝 놀란 나는 “아니 그러다가 심장 마비라도 일으키면 어떻게 하려고 그러세요?”라고 핀잔을 주기도 했다. 실제로 2002년도 월드컵 경기 때 우리나라의 어느 축구 팬이 심장 마비로 돌아가신 기록도 있으니 다음부터는 너무 흥분하지 말고 조심하라는 당부의 말을 잊지 않았다. 축구를 보면서 불편한 점이 있다면 내가 즐겨보는 주말드라마를 포기해야 하고 시차 관계로 잠을 자야 할 새벽 시간대에 경기를 시청해야 하기 때문에 간혹 잠을 설치는 경우이다.

영국은 축구에 미친 나라라고 한다. 팬들의 나이가 다섯 살 어린이들로부터 팔구십 노인들까지 다양하다. 발 디딜 틈도 없이 넓은 객석을 가득 메운 팬들의 열광이 놀라울 정도로 축구에 대한 사랑이 대단한 나라이다. 오늘 시합은 레스터 시티팀이 전반전 선제로 두 골을 넣고 아스날팀이 전반 추가시간에 한 골을 넣었다. 후반전에 레스터 시티가 한 골, 아스날이 세 골을 넣어 4대 3으로 아스날팀의 역전 승리로 경기가 끝났다.

새벽 3시 30분경 시작한 경기가 끝나고 창밖을 보니 어느덧 환하게 밝아있다. 나의 취미는 남편의 취미를 지켜보는 것은 아니지만 어쩌면 독서에 빠진 나의 취미를 잘 지켜보고 사랑해 주는 남편의 사랑 때문이 아니겠는가? 마침 출근 안 하는 휴일이니 경기를 보느라 모자란 잠을 다시 청해 보아야겠다.

가을 소풍

초등학교 친구들과 서울에 있는 하늘공원으로 억새꽃을 보러 가기로 약속한 날이다. 점심은 각자 집에서 도시락을 싸서 오기로 약속하였지만 마침 밭에서 따온 부등팥이 있어 친구들에게 자청해서 내가 부등팥을 넣어 맛있는 찰밥을 해서 가지고 가겠다고 카톡에 올렸다. 거리도 먼데 짐 들고 오려면 고생스럽지 않겠느냐고 친구들은 염려했지만, 친구들이 맛있게 먹어줄 모습을 생각하고 나는 괜찮으니 걱정하지 말라고 큰소리를 쳤다. 총무한테서 전화가 왔다. 내가 찰밥을 해오면 자기는 배추겉절이와 소불고기를 가져오겠다고 했다. 팥밥에 소불고기와 배추겉절이만 있어도 점심은 해결될 것 같았다.

아침 일찍 일어나 쌀을 씻어 가스레인지에 올리고 밭에서 뜯어온 상추와 아삭이고추를 씻어놓고 고추를 찍어 먹을 고추장도 잊지 않고 챙겨 넣었다. 친구들에게 나누어 줄 애호박은 서로 몸이 닿으면 상처가 날까 봐 휴지로 한번 싸고 일회용 비닐에 담아 열개를 종이가방에 담았다. 이제 밥을 퍼 담으면 준비는 끝인데 밥을 퍼 담으려고 밥솥 뚜껑을 열어보니 아차! 평소 습관대로 찹쌀이 아닌 멥쌀로 밥을 지은 것이다. 그러나 어찌하겠는가 저질러놓은 실수를, 약속 시간은 다가오는데.

짐을 두 손에 들고 버스 정류장에서 버스를 기다리는데 친구인 정옥이에게서 출발했냐고 묻는 전화가 왔다. 지금 출발하니까 합정역 버스 정류장에서 만나자고 약속을 했다. 다른 친구들과의 약속 장소는 12시까지 6호선 월드컵경기장 전철역 2번 출구인데 짐을 갖고 지하철을 타려면 역부족일 것 같아 친구와 택시를 탔다. 억새꽃 축제날이라서 그런지 지하철역에서 쏟아져 나오는 사람들이 마치 구름이 밀려 나오는 것 같았다.

친구 여덟 명은 다행히 약속 장소에서 만났는데 총무가 남편과 함께 하늘공원 주차장에서 기다리고 있다고 연락이 왔다. 하늘공원 주차장이 하나뿐인가? 월드컵경기장 주변이 전부 주차장인 것을 우리도 처음 알았다. 친구들을 만나고 보니 배낭을 메고 가방에 따로 먹을거리를 제각기 가지고 온 데다 내가 가져간 애호박을 하나씩 안기니 짐들이 장난이 아니었다. 번거로워도 총무가 약속 장소로 나왔으면 무거운 짐을 들고 다니는 고생을 하지 않아도 될 것을 서울에서 김 서방 찾는다는 속담이 있듯이 친구 여순이가 우리보다 한발 앞서서 총무와 통화를 하고 우리가 줄레줄레 뒤 따라다니는 것이 마치 어미 오리가 새끼들을 데리고 소풍 가는 것 같았다.

한참을 찾아 헤매다가 하늘공원을 잇는 구름다리 앞에서 총무를 만날 수가 있었다. 6.25 때 헤어진 이산가족이 만난 것처럼 (그렇게) 반가울 수가 없었다. 공원관리소에서 넓은 평상과 4인용 테이블을 곳곳에 설치해 놓았건만, 사람들은 많은데 공급이 부족해 우리는 평평한 나무 그늘 밑에 자리를 펴고 준비해 온 음식을 꺼내어 푸짐한 밥상을 차렸다.

걸음을 많이 걸었더니 배가 고파 상추쌈에 소불고기를 얹어 몇 번 우겨넣었더니 그제야 시장기가 없어졌다. 반찬으로는 풋고추, 오이지무침, 고춧잎장아찌, 솎은 무 풋김치, 배추겉절이, 소불고기 등등, 후식으로는 귤, 단감, 배, 포도, 대추, 식혜, 커피 등등 지나다니는 사람들이 우리가 부러운 듯 힐끗힐끗 바라다보며 지나갔다.

점심을 먹은 후 운동도 할 겸 억새꽃을 보러 남은 음식을 챙겨 하늘공원으로 올라갔다. 하늘은 높고 푸르고 추웠던 날씨도 풀려 억새꽃 보러 가기 좋은 날씨다. 십여 년 전에 한번 다녀간 뒤로 처음 와본다. 올라가는 사람들과 내려오는 사람들로 인산인해를 이루어 서울 시내 사람들이 모두 출동한 것 같은 느낌이 들었다. 그렇게 많은 사람들이 올라왔건만 억새꽃에 가려져 보이지 않았고 곳곳에서 사진들을 찍느라 난리들이다.

쓸모없었던 쓰레기 매립장을 이렇게 많은 공을 들이고 수고해주신 덕분에 시민들에게 눈으로 아름다움을 볼 수 있게 해준 서울시에 감사할 따름이다. 기념사진을 찍고 내려와 점심때 먹고 남은 음식을 호수가 보이는 평상에 둘러앉아 새참 겸 저녁으로 먹으면서 주위를 둘러보니 나무들이 고운 옷으로 갈아입고 저마다 자태를 뽐내고 있다. 어느새 육십 중반, 우리들 인생은 어떤 모습으로 물들어 가고 있는가를 돌아본다.

친구들 얼굴을 보며 수다 떠는 즐거움이 남은 생에 몇 번이나 더 있을는지? 우리들의 소풍은 아직 끝나지 않았으니 내년을 기대해 본다.

결혼식

"누나, 저 오는 10월 15일 결혼해요."

"그래. 듣던 중 반가운 소식이다. 결혼 축하한다!"

오랜만에 듣는 고종사촌 동생의 소식이다. 고종사촌 동생은 내가 결혼하기 전 돌 때까지 길러준 동생이다.

40여 년 전에는 어린이집 같은 시설이 없어 아기를 낳으면 누군가 길러 줄 사람이 없으면 직장 생활을 포기해야 하는 힘든 시절이었다. 막내 고모님은 시어머님도 돌아가셔서 안 계시고 친정어머니도 고모님이 세 살 때 일찍 돌아가셔서 사촌오빠, 언니와 함께 큰 어머니가 길러주셨다고 들었다. 교육공무원으로 근무하셨던 고모님은 늦은 나이에 결혼을 해서 첫딸을 낳았다. 주위에 아기를 길러줄 사람이 없어 직장을 못 다니게 되자 여동생의 딱한 사정을 들은 아버지께서 스물세 살이나 된 나에게 막내 고모네 집에 가서 고종사촌 동생을 돌봐주라고 말씀하셨다.

아버지가 시키는 일은 무조건 순종해야만 되는 줄 알고 싫다는 말 한마디 못 하고 막내 고모님 집에 가서 고종사촌 동생을 돌봐줬다. 고종사촌 동생이 세 살 때 고모가 사내아이를 낳으셨다. 그래서 시장에 갈 때 고종사촌 남동생은 업고 여동생은 걸리면서 물건을 사러 다니곤 했다. 그렇게 오누이를 길러주다가 고종사촌 남동생이 돌 무렵 내가 결혼을 하게 되어 이웃 할머니가 맡아 길러주셨다.

내가 업고 키운 그 고종사촌 남동생이 결혼을 한다는 소식을 전해왔다. 자식의 결혼도 보지 못하고 고모부와 고모님께서 지병으로 일찍 돌아가셨으니 두 분이 저세상에서 아들의 결혼 소식을 들으시면 얼마나 좋아하실까 생각하니 목이 메어온다. 고종사촌 여동생은 초등학교 선생님이고 결혼하는 남동생은 세무공무원으로 모 구청 세무과에 근무하는데, 직장 선배의 중매로 법원에 근무하는 신부를 만나 결혼을 한다니 내 자식 일처럼 기쁘고 대견하기 짝이 없다.

결혼식 날, 혼주 자리에는 부모님 대신 사촌오빠와 셋째 고모님이 앉아 계신다. 결혼 축가를 들으며 신랑 신부는 얼굴을 마주하며 웃고 있는데 내 옆에 앉아있던 고종사촌 여동생은 부모님 생각이 나는지 연신 눈물을 닦고 있다. 낳은 자식보다 기른 자식이 더 마음이 간다더니 나의 눈물샘도 어느새 촉촉이 젖어 있다.

신혼여행을 다녀온 신랑 신부가 인사를 하러 왔다. 서로 위해주며 행복하게 잘 살라고 두 사람의 손을 꼭 잡아주는데 돌아가신 고모님 내외분과 어릴 적 고종사촌 동생의 모습이 오버랩 되어 왔다.

건망증

"어머니! 병원에 가셔서 검사 한 번 받아보세요."

요즘 들어 부쩍 건망증이 심해진 나를 보고 큰애가 걱정스러운지 한마디 던진다.

건망증을 들킨 일은 며칠 전의 일이다. 회사에서 직원들 점심 준비를 하고 있는데 "어머니, 계좌번호 좀 넣어주세요. 명절 차릴 돈 넣어 드릴게요."라고 카톡이 왔다. 계좌번호를 넣어주고 조금 있으려니 다시 전화가 왔다. "어머니, 계좌번호 다시 확인해 보세요. 계좌번호가 맞지 않는다고 나오는데요." "그럴 리가 없을 텐데. 모 은행 계좌번호가 맞는데?" 큰애는 틀린다고 하고 나는 맞는다고 실랑이를 하다가 "어머니, 현금으로 찾아다 드릴게요."로 끝을 맺었다.

며칠 후 이사할 때 들여놓을 가구를 사러 네 식구가 같이 가구점에 갔다. 침대, 화장대, 소파, 테이블 등을 골라놓고 흥정을 하는데, 가구점 직원이 현금으로 결제를 해주면 50% 할인을 해주겠다고 했다. 이번 추석 연휴가 길어서 물건을 들여온 거래처에 결제를 해 줘야 하기 때문에 현금이 필요하다며 이윤이 없이 원가 판매를 한다고 했다. 장사하시는 분들이 자주 쓰는 말인 줄 알면서도 귀가 솔깃해졌다.

이사하는 날, 큰애가 "어머니! 제가 가구점에서 드린 돈 봉투 좀 주세요. 관리사무실에 마무리 결제할 일이 있어요."

"무슨 돈 봉투? 네가 가구점에서 가구 계약금 준다고 해서 줬잖아."

"어머니 제가 봉투에서 계약금을 빼서 드리고 나머지는 어머니 드렸잖아요."

"아니, 난 받은 기억이 안 난다. 네가 잘 생각해 봐라."

"어머니! 그날 가지고 가셨던 가방 속 한번 찾아보세요."

"가방에 찾아봐도 없어."

"그러면 그날 입으셨던 바지 주머니 한번 뒤져 보서요."

"바지는 세탁기에 빨았는데"

바지 주머니에 찾아봐도 없다고 말한 후 위에 입었던 점퍼 생각이 퍼뜩 났다. 점퍼 주머니를 뒤져 보니 돈을 담았던 편지 봉투는 세탁기에서 녹아 없어지고 오만 원 권이 "나를 찾으셨나요?" 하고 빠끔히 얼굴을 내밀었다.

아들이 어이없는 표정으로 물끄러미 나를 바라보았다. 젖은 돈을 말리려고 베란다 김치냉장고 위에 널어놓았더니 "어머니, 방충망이나 닫으세요. 돈이 밖으로 날아갈 수 있으니까요" 해서 식구들이 한바탕 웃었다.

모임에 가서 남의 가방은 챙겨주고 내 우산은 잊고 오는 건 애교요 병원비를 떼어먹고 나온 일도 있다. 무릎이 아파 병원에 갔는데 치료받고 나오다가 병원 조리사 아주머니와 인사를 나누고는 진료비 계산을 깜박한 것이다. 집에 돌아와 이튿날에야 생각이 나서 부랴부랴 돈을 갖다주었다.

아들 카톡에 분명히 은행 계좌번호를 보냈는데 신용카드번호가 갔다고 하고 시아버님 기일에 식혜 만들 멥쌀과 약식 만들 찹쌀을 각각 씻어 물에 담가 놓았는데 조리를 하고 보니 바뀌어 있기도 하다.

그러나 세상을 살면서 어찌 기억을 다 하고 살 것인가? 나이를 먹을수록 생각해야 할 일이 많은 건 당연한 것, 나의 이런 건망증은 병이라고 보기엔 무리가 있지 않은가. 기억해야 할 것을 잊어버리는 것이 아니라 새로운 것을 기억하기 위해서 잊어지는 것이다. 이런 나의 생각은 자위일지 모르지만, 어쩌랴! 창밖의 낙엽 떨어지는 소리가 더 선명하게 들리니 나는 아직 건강하리라.

아버님! 며느리도 나이 먹어 건망증이 심해 이런 실수를 했습니다. 내년에는 정신 바짝 차려서 올해처럼 실수하지 않을 것이니 차려놓은 음식, 친구들 불러 맛있게 드시고 가세요.

배웅

친정집과 시댁은 야트막한 산을 사이에 둔 이웃 동네이다. 시댁이 윗동네이고 친정집이 아랫동네이다. 윗동네 아이들은 우리 동네를 지나야 초등학교에 갈 수 있었다. 버스 정류장으로는 한 정거장인데 오솔길을 지나야 시댁 동네로 올라갈 수가 있었다.

남편과는 연애 반 중매 반으로 만났나. 나의 큰어머니가 시아버님의 육촌 여동생이어서 시댁과 우리하고는 사돈지간이 되기도 했다. 남편의 친한 친구가 친정 동네 내 친구하고 연애를 해서 결혼하는 바람에 자연스럽게 남편을 알게 되어 사귀게 되었는데 서로 양쪽 집안 사정을 너무 잘 알다 보니 불편한 점도 없지 않아 있었다.

친정 부모님들은 처음부터 남편과의 결혼을 절대 반대했다. 왜냐하면 시댁은 시아버님이 유복자이시고 시어머님이 아기를 가지시면 매번 실패를 하여 대를 못 이을까봐 아기를 낳기 위해 작은어머니를 들이시어 한집에서 살고 있어 우리 집에서는 결혼 반대의 이유가 되었다. 친정어머니는 남들은 시어머니 한 분도 안 모신다고 기피를 하는데 너는 어째서 시어머니를 두 분이나 모시는 곳으로 시집을 가겠다고 하느냐며 당신 눈에 흙 들어가기 전에는 절대로 결혼 못 하는 줄 알라고 못을 박으셨다.

사돈과 뒷간은 멀리 있을수록 좋다는 속담이 있듯이 밭농사를 지으러 들녘으로 나가 윗동네 사람들을 만나면 누구네 며느리는 시부모님한테 잘하니, 못하니 얘기를 듣게 되니 아버지도 그런 점 때문에 반대를 하셨다. 하지만 할아버지께서 사돈어른도 점잖으시고 시어머니 되실 분도 면내面內에서 유공하신 분이라는 것은 남들이 다 아는 사실이 아니냐며 시집을 보내라고 명을 내리시는 바람에 아버지와 어머니는 아무 말도 못 하고 꼼짝없이 할아버지 말씀을 따를 수밖에 없었다.

결혼을 하고 살면서 친정에 볼일이 있어 다니러 가게 되면 친정어머니는 딸한테 저녁을 먹여서 보내야 마음이 놓인다면서 저녁을 먹고 가라고 권하셨다. 저녁을 먹다 어둑어둑해지면 아버지는 산길에 딸을 혼자 보내기가 편치 않으신지 배웅을 해주셨다.

생각을 해보면 아버지와 오솔길을 걸으며 15분 동안 무슨 대화를 나누었는지는 생각이 나지 않았지만, 아버지는 딸을 시댁 큰 대문 앞까지 배웅을 해주시고는 집으로 돌아가셨다. 집을 향해 되돌아서는 아버지는 어떤 생각을 하셨을까? 나는 한 번도 아버지한테 그때 아버지의 심정이 어떠하셨는지 여쭈지를 못하였다.

한번은 이런 일이 있었다. 볼일이 있어 친정에 갔는데 시댁에서 작은어머니의 다급한 전화가 왔다. 내용인즉, 지금 이북에서 비행기를 몰고 쳐들어와 전쟁이 나서 식구들 모두가 고려산으로 피난을 가야 하니 빨리 집으로 와야겠다고 말씀하셨다. 전화를 받고 무슨 일인가 티브이를 틀어보니 비상사태이니 방송을 주시하고 방송에서 알려 주는 대로 신속하게 행동하라는 방송이 나오고 있었다.

내가 어쩔 줄 모르고 있으려니 친정어머니는 침착하라며 아기 가진 임산부는 맨입으로 돌려보내는 것이 아니라며 동생이 사온 복숭아를 씻어주시며 먹고 가라고 하셨다. 내가 둘째를 가졌을 때였다. 복숭아를 먹으면서 내가 시댁으로 가야 하나 아니면 친정엄마하고 같이 있어야 하나하고 잠시 갈등이 생겼다. 복숭아를 다 먹으니 친정엄마는 딸은 출가외인이니 어서 시댁으로 가자며 나를 따라나섰다.

아버지께서 여러 번 배웅을 해주셨지만, 친정어머니가 배웅해주시는 것은 처음이었다. 아버지와 달리 친정엄마와 오솔길을 걸어보니 새로운 감회가 서렸다. 길옆 참나무에 어릴 적 잡아서 놀던 사슴벌레가 눈에 띄었지만, 눈요기만 하고 지나쳐야 했다. 어머니는 낮이라 그러셨는지 오솔길을 걷다가 중도에서 되돌아가셨다. 그때 생각을 해보면 친정엄마는 딸을 배웅해주고 되돌아 내려가시며 무슨 생각을 하셨을까? 시댁에 돌아오니 전쟁이 난 것이 아니고 리웅평 대위가 이북에서 미그기를 가지고 귀순한 해프닝이었다.

나도 부모가 되어 생각을 해보니 예전에 아버지와 어머니가 나를 배웅해주고 가시면서 내가 시부모님 잘 모시고 남편을 공경하며 행복하게 잘 살아주기를 마음속으로 바라셨을 것이라는 생각을 해본다.

가족

혈압약을 타러 동네병원에 들러 차례를 기다리고 있는데 핸드폰이 울려 열어보니 막내여동생이었다. 웬만해서는 먼저 연락을 하지 않는 동생인데 웬일로 전화를 다 했느냐고 물으니 어젯밤 꿈에 형부하고 언니가 보여서 무슨 일이 있나 궁금해서 전화를 넣었다고 했다.

별일은 없고 작은애가 좋은 데 취업을 해서 기쁜 소식은 있다고 대답했더니 동생은 축하한다고 인사를 했고 나는 내 진료 차례가 되어 전화를 끊어야겠다고 동생한테 말했다. 동생은 언니가 시간 있을 때 전화 좀 달라고 했다.

진료를 마치고 집으로 돌아와 집안일을 하다가 동생이 부탁한 전화를 깜빡 잊은 것이 생각나 늦게서야 전화를 넣었다. 동생은 큰올케가 유방암 진단을 받았다는 소식을 전했다. 막내올케에 이어 오빠마저 3년 전에 담도암으로 돌아가셨는데 큰올케마저 암 판정을 받았다고 하니 목젖 위로 슬픔이 차올라 하늘이 무너져 내리는 것 같았다. 지난번 오빠 기일을 맞아 친정에 갔을 때 큰올케가 건강검진을 받고 결과를 기다리고 있다는 얘기를 듣고 궁금했는데 잊어버리고 연락을 못 했다.

큰올케는 작년 건강검진에서 유방암 재검진을 해보라는 연락을 받아 재검진을 했는데 검진받은 병원에서 아무 이상이 없다고 해서 한시름을 놓았다고 했다. 올해 검진에서도 또 유방암 재검진을 받아보라는 연락을 받고 큰 병원에서 검진을 받은 결과 유방암 2기로 판정을 받았다고 했다.

지난 추석 이튿날, 큰올케가 병원에 입원을 하고 수술을 받았다. 유방에서 가까운 림프절에 전이됐는지를 알아보려고 림프절을 절제해서 검사한 결과 림프절까지 전이가 됐다는 것이다. 집에서 도와줄 사람이 아무도 없는 큰올케가 힘든 항암치료를 받으려면 집에서 통원 치료를 받는 것보다 전문 요양병원에 입원해서 치료를 받는 것이 나을 것 같아 3개월 동안 입원하기로 했다.

큰올케가 치료 때문에 집을 비우다 보니 여름내 가꿔놓은 들깨며 김장배추와 무, 순무, 밭 설거지 등 내가 할 일이 태산이다. 큰올케가 없는 빈자리가 이렇게 큰 줄 몰랐다. 들깨는 지난주 일요일 서울 사는 남동생과 같이 털었다. 이번 주부터 남동생들은 장준감을 따야 하고 나는 순무를 뽑아 순무김치를 담가야 한다. 11

월 둘째 주에 병 때문에 참석을 할 수 없는 큰올케를 제외한 4남매가 모여서 김장을 담그려고 약속을 해 놨다. 첫째 주에 담그려 했는데 둘째 동생이 꼭 참석해야 할 결혼식이 두 군데나 있어 둘째 주로 미루었다.

큰올케네도 남자 조카가 둘이나 있지만 결혼하여 어린애들을 둘씩 두고 있어 조카댁들이 애들 건사하기도 힘들어하기에 참석하라는 얘기는 전하지 않았다. 큰올케가 자리를 비우니 친정 일은 내가 나서서 모든 일을 해야 한다. 나도 직장에 다니면서 주말에 하루쯤은 쉬어야 하는데 앞으로 강행군을 하다 보면, 체력이 견디어 줄까 의심스럽다. 하지만 어려울 때일수록 온 가족이 힘을 함께 보태야 되지 않을까 생각해 본다.

예비 며느리

"어머니, 혜연이가 이번 추석에 우리 집에서 명절을 보내고 싶다고 해서 같이 집으로 갈게요."

"그래! 반가운 소식이다. 같이 오너라."

두 달 후에 큰아들과 결혼할 예비 며느리가 명절에 우리 집으로 온다는 큰아들의 전화다.

다 그런 것은 아니지만, 요즘 젊은 며느리들은 명절에 시댁에 가기를 두려워한다던데, 결혼을 두 달 앞둔 예비 며느리가 명절을 쇠러 온다고 하니 기분이 너무 좋아 남편한테 전하니 얼굴이 환하다.

다른 집들은 송편을 사서 먹지만 우리 집은 송편만은 꼭 만들어 먹는다. 명절 전날 아침, 예비 며느리가 일찍 일어날까 봐 살그머니 주방으로 나와 송편 반죽을 주무르고 있는데 작은 방에서 예비 며느리가 나왔다. "혜연이 잠 좀 더 자라고 다른 때보다 늦게 일어나서 시작했는데 벌써 일어났니?" 하니 아들이 뒤따라 나오면서 혜연이가 아침잠이 없어 일찍 일어났다고 한다. 아침잠이 없다고 하지만 마음이 불안해서 일찍 일어난 것 같아서 첫날부터 시집살이를 시키는 게 아닌가, 생각하니 혜연이가 안쓰러워 보였다.

혜연이는 한 번도 송편을 만들어 보지 않았다면서도 호기심에 반죽을 주물러 보고 싶다며 주무르더니 송편 만드는 것도 가르쳐 달라고 했다. 손바닥에 식용유를 바르고 난 뒤 반죽을 조금 떼어 주무른 후 가운데에 속을 판 후 고물을 넣고 다시 주물러 양쪽 끝을 세모꼴로 만들어 세우고 가운데를 마무리하면 된다고 가르쳐 주었다. 그래야 손에 반죽도 묻지 않고 떡이 맛있다고 알려 주었다. 혜연이가 송편 만드는 것을 옆에서 지켜보던 아들이 예쁜 딸 낳기는 글렀다고 놀린다. 첫술에 배부르냐는 속담이 있듯이 자꾸 만들다 보면 예쁘게 만들 수 있나고 말해주었다.

올해는 다른 해보다 떡쌀을 더 담갔다. 친정 큰 올케가 몸이 불편해 형제들과 조카들이 모이면 같이 먹으라고 만드는 김에 더 만들어 나누어 주려고 석 되를 담갔다. 송편 속에는 검정콩, 녹두 거피, 볶음 참깨 세 가지를 넣었다. 나는 송편 속을 준비하느라고 자리를 뜨고 하는데 혜연이는 계속 앉아서 열심히 송편을 빚었다. 대견한 생각이 들어 혜연이를 잠시라도 쉬게 하려고 큰애한테 커피타임 없을까 했더니 "예"라고 답했다. 혜연이가 "이왕이면 다홍치마라고 예쁜 커피잔에 담아 주세요."라고 말하니 "예, 알겠습니다."라고 선뜻 대답했다.

그러다 보니 혜연이는 세 시간 동안이나 송편을 빚은 것 같다. 아무래도 떡 만드는 일이 늦을 것 같아 큰애한테 같이 거들면 안 되겠냐고 했더니 껄껄 웃으면서 "제가 어떻게 떡을 만들어요." 한다. 예전에 너희 외갓집에서는 외할아버지와 외삼촌들도 송편을 잘 만드셨단다. 그 말을 듣고 나서야 큰애가 잠깐 거들어 빨리 끝낼 수가 있었다.

송편은 다 만들어 놨는데 떡을 찌려고 보니 솔잎이 없다. 추석에 송편 찔 때 쓸 솔잎은 말복 때 미리 뽑아놓아야 솔잎 뿌리도 깨끗이 뽑히고 송진 냄새도 나지 않는다고 한 어르신들의 지혜로운 말씀이 떠오른다. 송편을 찔 때 솔잎을 넣으면 송편이 서로 달라붙지 않고 방부제 역할도 한다. 큰애한테 오늘 마송 공영주차장에 장이 서는데 아주머니들이 녹두도 갈아 팔고 솔잎도 뜯어다 파니까 그곳에 가서 솔잎 좀 사 오라고 심부름을 시켰다.

큰애가 혜연이한테 같이 다녀오자고 하니 혜연이가 따라나섰다. 나는 혜연이에게 시장에 가면 오빠한테 맛있는 것 사달라고 해서 먹고 오라고 말했다. 큰애가 심부름 다녀와서 하는 말이 올해는 장도 안 서고 아주머니 세 분이 솔잎과 녹두를 갈아서 팔고 있더라고 했다. 작년까지도 명절 전날 장이 섰는데 올해는 김포읍 장날이어서 김포읍 장이 크니까 마송 장이 서지 않았나 보구나 말했다.

양은시루에 솔잎을 먼저 깔고 쑥 송편 콩떡을 먼저 넣고 떡을 찌니 솔 냄새, 쑥 냄새가 코를 찌른다. 혜연이가 "어머니, 솔 냄새와 쑥 냄새가 너무 좋아요."라고 말했다. 떡은 나 혼자 쪄도 되니까 혜연이는 송편 만들기 힘들었으니 방에 들어가서 잠시 쉬라고 말했더니 아들도 같이 들어가 쉬자고 혜연이를 방으로 데리고 들어갔다.

올해는 큰애가 결혼 날짜를 받아서 추석 차례와 추석 후 일주일 뒤에 있는 시아버님 제사는 안 모신다. 그래서 차례 준비는 하지 않고 전 좀 부치고 나물 몇 가지 준비해서 명절날 아침을 먹으면 된다. 혜연이가 한 시간쯤 쉬고 나오면서 "어머니! 전은 안 부치세요."라고 묻는다. 꼬치하고 깻잎선을 부치면서 우리 둘이 손이 잘 맞는데 이다음 명절에는 전 부쳐서 장사해보는 것은 어떨까 얘기했더니 혜연이가 "어머니! 그렇게 해요." 하고 말해 둘이서 마주 보며 웃었다. 앞으로도 오늘처럼 며느리가 모르는 것은 가르쳐 주면서 고부간의 정을 나누며 살아가길 기대해 본다.

주말농장

시누이가 고향 강화에 땅을 샀다고 했다. 2년쯤 후에 건물을 지을 예정인데 그때까지 땅을 놀릴 수 없어서 농사를 지어 보려고 옥수수, 고추, 토마토 등을 심어 놓았는데 같이 가보자고 했다. 시누이와 밭에 도착해서 심어 놓은 모종을 보는 순간 웃음이 나왔다. 모종을 심으려면 밭을 갈고 이랑을 만들어 비닐을 씌우고 구멍을 뚫어 물을 주고 심어야 하는데 작년에 농사지었던 밭을 그대로 두고 맨땅 위에 여기저기 모종을 심어 놓았다.

시누이는 학교를 졸업하고 농협에 취직을 한 후, 서울 모 지점의 지점장으로 정년퇴직을 했다. 농사를 지어 보지 않았으니 모종을 사다 심으면 저절로 자라는 것으로 쉽게 생각했던 것 같다. 양쪽 부모님들도 다 돌아가시어 도움받을 사람도 없는 데다 시누이가 밭농사를 지으려면 내가 도와줘야만 할 상황이었다.

땅이 5백여 평이나 되다 보니 경운기나 트랙터로 갈아서 밭을 만들어야 할 것 같은데 밭에 돌도 많이 나오고 해서 올해는 장비 대신 시누이 내외와 셋이서 삽으로 한 판장씩 일궈서 밭을 만들어 가기로 했다. 이랑을 만들고 비닐을 씌우고 여기저기 심어놨던 모종을 뽑아서 한 곳으로 옮긴 후 애호박, 참외, 수박, 상추, 오이, 가지, 쑥갓 등의 모종도 심었다.

옥수수 심은 사이에는 강낭콩도 심고 참깨와 고구마순도 3백여 개나 심었다. 평일에는 직장에 나가고 주말이면 밭에 나가 일을 도와줬다. 올여름은 폭염 때문에 새벽 다섯 시에 일어나 밭에 나가서 오전에 일을 끝내고 돌아오곤 했다. 시누이는 결혼하고 나서 엄마가 농사지으신 야채를 가져다주면 고맙다는 말도 하지 않고 받아먹었는데 자신이 농사를 지어 보니 엄마가 농사일 하시느라 얼마나 힘드셨을까 하고 이제야 알 것 같다고 말했다.

고생한 보람으로 무농약으로 키운 상추와 쑥갓을 뜯어 밥상에 올리고 양이 많아 이웃들과 나누어 먹는 기쁨도 누렸단다. 김을 매다가 목이 마르면 오디도 따 먹고 방울토마토도 따 먹으니 갈증도 해소됐다고 했다. 농사를 처음 지어 보는 시누이 내외는 힘들어하면서도 농사를 지어 보니 재미있다고 했다. 가뭄에 애호박과 오이에 물을 주라고 시켰더니 물만 주고 애호박과 오이를 제때 딸 줄 몰라 주말에 밭에 나가보면 따지 못해 커버린 애호박과 오이를 한 소쿠리씩 따곤 했다.

문제는 잡초와의 전쟁이었다. 날씨가 더워 김매기가 어려우니 제초제를 사서 주라고 권했다. 시누이 내외는 제초제는 몸에 해롭다며 더워도 김매기를 하겠다며 걱정을 말라고 했다. 밭에 거름이나 씨앗을 넣을 줄은 몰라도 김매기는 끝내 주게 잘했다. 두 사람의 노력 덕인지 옥수수, 수박, 참외, 토마토 등이 잘 열리고 참깨도 여섯 되나 수확을 했으며 고구마도 열 박스나 캐어 두 딸의 시댁과 큰오라버니 집과 우리 집까지 일곱 집이 나누었다.

요즘은 파란 밤콩과 부둥팥을 따 밥에 두어 먹고 있다. 내가 다른 밭이랑에서 애호박, 넝쿨콩을 따며 시누이한테는 팥을 따보라고 시켰더니 시누이는 덜 영근 팥을 한 소쿠리 따 담아 놓았다. 꼬투리가 누렇게 영글어 가는 것만 따서 담으라고 가르쳐 주었어야 했는데 그 말을 하지 않았더니 농사일을 모르는 시누이가 덜 영근 팥을 수확을 한 것이다.

앞으로는 들깨도 수확해야 하고 늙은 호박도 따야 하고 김장배추로 김장도 담그고 순무, 알타리무도 뽑아 순무김치, 알타리김치도 담가야 할 것 같다. 다른 집들은 태풍 링링 때문에 김장 심은 것이 초토화됐는데 우리는 김장을 조금 일찍 심었더니 태풍에도 잘 견디어 풍작이다.

시누이는 주말이면 제일 먼저 김장밭으로 가서 눈인사를 한다.

처음으로 씨앗을 뿌린 알타리, 시금치, 가을 상추, 예쁘게 자란 쪽파를 둘러보면서 시누이 부부가 농사짓는 보람을 느끼는 것 같다. 내년에도 힘닿는 데까지 함께 농사일을 거들어줘야겠다.

돌아온 아버지

한 달 전쯤 남동생한테서 전화가 왔다. 아버지가 일본에 징용 다녀오신 것에 대한 보상금에 대하여 궁금한 점이 있어 나한테 여쭈어보려고 전화를 넣었단다.

어떤 분의 아버지가 일제 때 징용을 나갔는데 정부에서 보상받은 것에 대하여 차남이 신문에 글을 올려 우연히 동생이 그 신문을 읽고 궁금해서 국가기록원으로 일제 징용 보상금 신청한 사람들 이름을 확인해 보니 아버지와 같이 다녀오신 친구분 이름은 확인되는데 아버지는 신청자 명단에서 누락이 되어있더라고 소식을 전해왔다.

2006년도에 정부에서 일제 때 강제 징용을 다녀온 사람들에게 보상금을 주니 신청하라는 공고를 했다고 한다. 우리 형제들은 큰오빠가 아버지를 모시고 계시니까 알아서 접수를 하셨겠지 하고 신경도 쓰지 않았는데 그해 친정아버지는 담석으로 병환이 나서서 대학병원, 종합병원으로 옮겨 다니시다 폐렴으로 84세에 돌아가셨다.

신문에 글을 올린 사람은 정부에서 징용을 다녀온 사람들에게 신청하라는 공고를 보고 방문했더니 증인으로 세울 수 있는 사람과 함께 와 달라고 하더란다. 그런데 그의 아버지는 일본사람들이 무시하고 못살게 굴어 참지 못하고 맞서 싸우는 바람에 감옥살이를 하던 중 해방의 기쁨을 누리지 못하고 감옥에서 생을 마쳤다고 했다. 그래도 다행인 것은 글을 올린 사람의 아버지는 일본 후쿠오카 탄광 앞에서 찍은 사진을 가족에게 보낸 게 증거가 되어 보상금을 탔다고 했다.

인터넷으로 검색해 보니 특별법 제27조 일본 강제 동원 위로금 보상 지급 신청은 2014년 6월 30일 이내에 하여야 한다고 규정하고 있다. 강제 동원 피해 사실이 확인되더라도 위로금 보상을 신청할 수 있는 기간이 종료되었기 때문에 현재는 위로금을 신청할 수 없다고 한다. 아울러 위로금 신청 기간을 연장하는 특별법 개정안이 국회에서 발의(2016. 9.27)되어 있음을 알려드리며 향후 특별법 개정안이 국회에서 통과되어야 위로금 보상을 신청할 수 있다고 되어 있었다.

우리는 아버지도 돌아가시고 증인을 설 수 있는 아버지 친구분도 2년 전에 돌아가셨으니 증인이 되어줄 사람도 없다. 아버지가 살아 계셨으면 올해로 97세이시다. 강화에서 아버지와 같이 징용을 나가신 그분들의 생사도 우리로서는 알 수가 없다. 아버지와

아버지와 같이 징용을 다녀온 친구분과 고모님께 들은 이야기를 모아서 아래에 적어본다.

아버지는 스물두 살이 되던 1945년, 일본에 징용으로 끌려갔다. 강화에서 차출된 24명은 지금은 강화대교가 있는 자리인 '가꾸지' 나루에서 일본노래 '미요꼬리'를 들으며 가족들의 전송을 받고 배에 오르셨다 한다. 배가 보이지 않을 때까지 서로 손을 흔들며 울어서 가족 대표로 참석했던 둘째 고모님은 "배로 떠나는 이별은 정말 할 것이 못 된다고" 아직도 그날의 일을 잊지 못하겠다고 말씀하신다.

경기 이북 지역의 사람들은 함경도에 모여서 배를 타고 부산으로 갔는데 전국에서 징용으로 끌려가는 사람들이 한곳으로 모여 배를 타고 일본으로 건너가서는 기차에 짐짝처럼 실려 일본에서 제일 북쪽 지방인 북해도로 끌려갔다고 한다. 그때가 2월이었는데 북해도에는 엄청나게 눈이 쌓여 길이 보이지 않아 굴을 뚫고 다녔다고 한다.

아버지는 굴 파는 일을 했는데 같이 간 친구는 눈치가 빨라 그곳 식당에서 밥 짓는 일을 했다고 한다. 밥이라고는 두부 공장에서 두부를 만들고 남은 비지를 가져다가 쌀을 조금 섞어서 밥을 지었다고 했다. 밥을 한 숟가락 떠서 입으로 후, 하고 불면 다 날아갈 정도였다니 밥이라고 먹은들 무슨 배가 불렀겠는가. 굴 파는 일은 힘들고 배가 고프니 도망가는 사람들이 생겼다 한다. 도망가다 잡힌 사람들은 모두가 보는 앞에서 본보기로 기둥에다 묶어놓고 채찍으로 후려쳐서 그 자리에서 죽여 버리는 만행을 서슴없이 저질렀다고 한다.

아버지는 식당 일을 하는 친구와 같은 방을 써서 그 친구가 감춰놨다가 가지고 온 누룽지를 이불 속에서 몰래 먹을 수 있어 다른 사람들보다 배고픈 고생은 덜했다며 그 친구를 늘 고마워하셨다.

다행히 그해 8월 15일 해방이 되었다. 어느 시인은 그날의 감격을 아이들도 뛰며 만세! 어른들도 뛰며 만세! 산천노 빛이 나고 삼각산도 일어나 더덩실 춤을 추고 해까지도 새 빛이 난 듯 유난히 명랑하다고 표현했다.

아버지는 9월 21일, 북해도를 떠나 일본 배를 타고 부산에 도착했다. 부산서 서울로 올라오는 기차는 일본에서 고향으로 돌아가는 사람들로 만원인데다, 하루빨리 집으로 돌아가고 싶은 마음에 기차역은 아수라장이 되었다고 한다. 아버지는 가까스로 기차 문에 매달려 타셨는데 기차를 타지 못한 사람들은 기차 지붕에 올라타고 오다가 터널을 지날 때 떨어져 죽어 꿈에도 그리던 가족 품으로 돌아가지 못한 안타까운 일도 있었다고 한다.

기차는 서대문 쪽에 도착했다고 한다. 집으로 돌아가려면 마포 나루에서 강화로 가는 배를 타야 했는데 배 떠나는 시간이 새벽 한 시라서 또 얼마를 기다려야 했다. 배 시간을 기다리는 동안 살아서 집으로 돌아간다는 기쁨과 집이 지척이라는 안도감에 친구들은 배를 타야 하는 것도 까맣게 잊어버리고 과음을 했다고 한다. 장배가 있는 곳까지는 나룻배에 여섯 명씩 나누어 타고 노를 저어서 가야 하는데 술에 취한 친구들이 순탄하게 노를 저을 리가 없었다. 한 친구가 몸의 중심을 잃고 강에 빠지고 말았다. 칠흑같이 어두운 밤에 사람 살리라고 소리를 쳤지만 구하기가 쉽지 않았다. 삿대를 내밀어 주면 잘 잡아야 하는데 잘못 잡으면 배가 뒤집힐 수 있어 지척에 집을 두고 모두 물에 빠져 죽는 것은 아닐까 하고 술 마신 것을 후회했다고 했다.

그러나 모두가 힘을 모아 침착하게 행동을 해서 물에 빠진 친구를 구하고 무사히 장배에 올라 강화 월곶 나루터까지 올 수 있었다고 했다. 배에서 내리자 한시라도 빨리 집안 식구들이 보고 싶어 나루터에서 집까지 삼십 리 길을 단숨에 걸어오셨다고 한다. 집에 돌아오니, 소식을 들은 식구들이 절구에 떡방아를 빻느라고 들썩이고 할머니는 아들이 살아 돌아온 것이 기뻐서 떡을 해서 동네잔치를 벌였다고 했다.

아버지는 돌아가셨지만, 국회에서 위로금 보상 신청 기간을 연장하는 특별법 개정안이 통과되어 늦게나마 위로금을 신청할 수 있게 되기를 기대해 본다. 그래야 하늘에 계시는 아버지도 기뻐하실 것 같다.

* 나중에 들은 얘기지만 큰아버지 이름으로 징용이 나왔는데 할아버지가 장손은 징용으로 못 내보낸다고 작은아들인 아버지한테 대신 나가라고 하셔서 아버지가 큰아버지 대신 징용을 나가셨다고 함.

억세게 운수 나쁜 날

3년 전 12월은 생각조차 하기 싫은 달이다. 아침에 출근을 하려고 버스를 탔는데, 1분도 채 못 가 통진 사거리에 들어서는데 흰색 승용차가 버스 앞을 가로질러 지나는 바람에 버스가 급정거를 하게 되었다.

버스 뒷문 바로 뒷좌석에 앉았던 나는 급정거하는 바람에 차 바닥으로 넘어지며 무릎에 타박상을 입었다. 내 뒷좌석에도 손님들이 두 명 정도 있었지만, 그들은 핸드폰에 정신이 팔려 못 보았는지 나를 일으켜 주지도 않았고 기사님한테 사고 소식을 알리지도 않았다.

버스 기사는 사고가 났는지도 모르는 채 껌만 짤깍짤깍 소리 내어 씹고 있었다. 다행히 다음 정류장인 마송에서 전에 같이 일하시던 아주머니를 만나게 되어 조금 전 사고 소식을 얘기하였더니 가만히 있지 말고 기사님한테 얘기하고 내리라고 알려주었다. 내가 내리려는 정류장에 거의 다 가서 기사 분한테 조금 전 통진읍에서 기사분이 급정거하는 바람에 바닥으로 넘어졌다고 말씀드렸더니 기사 분은 죄송하다고 두 번이나 머리 숙여 나에게 사죄를 했다.

차 사고 후 사흘째 되던 날 점심 무렵부터 무릎이 아프기 시작하더니 퇴근할 때쯤 되니 걷기도 힘들었다. 그때만 해도 동네병원에 들러 물리치료를 받으면 괜찮겠지 했는데 자고 일어나니 화장실 가기도 힘들었다. 그제서야 큰애한테 사고 소식을 전했더니 병원에 입원하셔야 된다고 말하면서 90번 선진버스 회사로 전화를 넣었다.

아들은 어머니가 사흘 전 버스에서 사고가 났는데 오늘은 걷지도 못하여서 병원에 입원을 해야겠다고 운수회사 직원에게 통보를 하였다. 직원은 사흘 전이면 CCTV도 다 지워져서 증거가 남아있지 않을 거라며 둘러대더라고 했다. 입원한 지 며칠이 지나도 운수회사에서는 아무런 연락이 없었다.

그러던 중 알고 지내던 지인한테서 별일 없이 잘 지내고 있냐는 전화가 왔다. 사고 소식을 전해드렸더니 경찰서에 사고 접수를 했냐고 물었다. 나는 그때까지 차 사고가 나면 경찰서에 신고하는 것도 모르고 있었다. 그 말을 듣고서야 전에 남동생이 서울 모 경찰서 교통과에 근무했던 생각이 퍼뜩 떠올랐다.

동생한테 전화로 사고 경위를 설명하니 빨리 김포경찰서 교통과에 신고하라고 알려 주었다. 잠시 후 경찰서로 전화를 넣으니 본인이 직접 경찰서를 방문해서 신고를 하라고 했다. 불편한 다리를 끌고 경찰서를 방문해서 신고를 마치고 병원으로 돌아오니 조금 후 담당 경찰관한테서 전화가 왔다. 운수회사 이사님이 경찰서를 방문하기로 했으니 만나서 면담을 하라는 것이었다.

이사님과 면담을 하는 도중 사고를 당한 버스 차 번호와 기사 분 성함을 아느냐고 물었다. 그때서야 아차! 싶었다. 이렇게 될 줄 모르고 차 번호도 메모하지 않았고 기사 분 성함도 묻지를 않았다고 대답했다. 사고 당시에는 큰 불편이 없어 동네병원에서 물리치료를 받으면 나을 줄 알았고 시동생도 버스 기사를 하고 있어 신고할 생각을 하지 않았으며 기사 분한테 분명히 사고 얘기를 했고 기사 분 얼굴을 기억하고 있다고 말했다. 그리고 무릎이 너무 아파서 병원에 입원하게 됐다고 말해주었다.

이사님은 70만 원에 합의하자고 제의했다. 나는 아직 치료도 끝나지 않았는데 무슨 합의를 보느냐며 남동생이 경찰서 교통과에 근무한 적이 있는데 동생하고 상의해보겠다고 말한 후 남동생한테 전화를 걸어 의논을 해보니 병원 치료비와 회사에 근무 못한 것에 대한 보상을 해 달라고 말하라고 알려 주었다. 동생한테 들은 대로 전하니 그렇게는 할 수가 없고 사고 버스 차 번호와 기사 성함도 모르고 자기네 회사 차에서 사고가 났다고 어떻게 증명을 하느냐며 다른 곳에서 다치고 자기네한테 억지를 부리는 것이 아니냐고 민사재판을 하든지, 마음대로 하라며 조금 전 70만원에 합의하자고 했던 말까지 무시한 채 안면 몰수하고 으름장을 놨다.

나는 사고 버스에서 내리면서 기사 분한테 사고 얘기를 분명히 전하고 내렸다고 말하고 담당자한테 못 믿으면 통진 사거리 CCTV를 확인해 보라고 했다. 병원에 돌아와 조금 있으려니 담당자가 전화를 해서 기사님 두 분 사진을 보내 드리니 어느 분이 사고 운전자인지 확인을 해보라고 했다. 사진을 확인해 보니 사고를 낸 기사 분은 오십대 중반쯤으로 보였는데 보낸 사진은 삼십대 초반 입사 때 찍은 사진 같았다. 나는 그들에게 농락을 당한 기분이어서 담당자한테 전화를 걸어 요즘 찍은 사진을 보내야지 몇 십년 전 입사 때 찍은 사진을 보내면 어떻게 알아보느냐고 따져 물었다. 그러던 중 사고 버스 기사와 면담을 하게 되었다. 그 기사 분은 나를 보더니 고개를 숙이고 나와는 눈도 마주치지 못했다. 그래도 기사 분은 양심이 있는 사람이라고 생각했는데 그것은 나의 착각이었다.

두 번째 면담 때부터 기사 분은 고개를 빳빳이 들고 자기는 사고를 내지 않았다며 억울하다고 말했다. 내가 하찮은 시골 아줌마라고 무시하고 그들은 사고 담당자, 운수회사 이사, 운전기사 셋이서 짜고 나에게 오리발을 내밀었다.

이렇게 저쪽에서 나를 무시하고 나오는 이상 내가 발 벗고 나서서 이 사건을 해결해야겠다고 마음을 단단히 먹고 시동생한테 자초지종을 얘기하고 어떻게 해결해야 되는지 물었더니 첫 번째로 시청 교통과를 방문해서 사고 난 날 날짜와 몇 시에 어느 정류장에서 타고 내렸는지를 확인하면 다 알 수 있다고 알려줬다. 두 번째, 내가 가지고 있는 교통카드로 캐시비 단말기회사 1644-0006번으로 전화해서 카드번호를 알려주면 사고를 낸 버스 번호를 알 수 있으니 확인해 보라고 했다.

단말기회사에 내가 가지고 있는 카드번호를 알려주니 엉뚱하게도 김포에서 검단까지 운행하는 841번 경기 바 1411호 차에 내 교통카드가 찍혔다는 것이다. 참 어이가 없었다. 나는 통진 성당 앞에서 양곡 신협 앞까지 타고 갔는데, 경찰서에서도 내 휴대폰으로 841번 버스 사진까지 찍어서 전달해 왔다. 운수회사에서 이미 단말기회사에 손을 써 놓은 것이 분명했다. 2차로 시청 교통과 민원실을 방문했다. 그곳에는 90번 버스가 운행하는 시간, 각 정류장마다 몇 시에 도착하고 출발하는 시간이 컴퓨터에 기록이 되어 있었다.

그러나 내가 탔던 사고 차량은 삭제되어 운행을 하지 않은 것으로 기록되어 있다고 시청 교통과 담당자도 고개를 갸웃하였다. 사고 차 번호를 메모하지 않은 것이 이렇게 큰 실수가 되리라고 예상 못했다. 내 동생과 조카 두 명도 경찰 공무원을 하고 있지만 내가 낸 세금으로 월급을 받고 있는 담당자한테 푸대접을 받는다는 생각을 하니 가슴이 터질 것만 같았다. 약자인 피해자 측에 서서 공정한 수사를 해야 하는데 피의자 측에 서서 편파적 수사를 하는 데는 두 손 두 발 다 들었다.

경찰 담당자는 사고가 나면 제일 먼저 운수회사를 방문해서 증거물을 압수해야 하는 것이 우선인데, 운수회사를 한 달 만에 방문하여 CCTV도 지워지고 증거물이 없다고 하고 내가 사고버스 차 번호를 알아낸 후 시청 교통과 민원실은 방문 안 하느냐고 이야기를 했더니 사고가 난 후 석 달이 시나시야 시청 교통과 민원실을 방문을 했다. 통진 사거리 사고 현장에도 가야 되는 것이 아니냐고 말했더니 그곳 CCTV는 시청 교통과에서 주차단속을 하려고 설치한 것이라 소용없다는 거짓말을 늘어놓았다.

내가 다니는 회사에서 치료도 다 끝나지 않았는데 출근을 하든지 아니면 대신 조리할 사람을 구해서 보내든지 식당을 오래 비워둘 수 없다는 연락을 해왔다. 나는 몸이 불편했지만, 출근을 하면서 일을 해결하기로 했다. 그러던 중 버스회사 이사와 두 번째 면담에서 이사가 실수로 사고 차량 번호와 기사 이름까지 담당자와 대화를 하던 중 내가 듣고 있는 데서 말해 버렸다. 나는 재빨리 메모를 해놨다가 시청 교통과로 달려가서 차량 번호를 알려주었다. 담당자는 검색을 해보더니 드디어 찾았네요. 그 시간에 경기 바 0000번이 운행한 것이 컴퓨터에는 찍히지 않았는데 부평역 종점에 도착하는 것이 CCTV에 찍혔다면서 내가 탔던 사고 버스하고 시간이 딱 들어맞았다는 것이다.

그들은 사고를 은폐하려 했지만, 하늘은 스스로 돕는 자를 돕는다는 말처럼 진실의 햇살은 나에게 빛을 비추어 주었다. 경찰서에서 사건을 해결해줘야 하는데 피해자인 내가 발 벗고 나서서 해결한 셈이 되었다. 그래도 자기는 억울하다고 말하는 버스 기사와 마지막 대질신문이 3월 4일에 있었다. 내가 그렇게 억울하면 버스 CCTV를 경기지방경찰청으로 보내서 확인해 보는 방법이 어떠냐고 제의했더니 담당자가 그곳보다 국과수로 보내 의뢰해보는 것이 더 확실하고 빠르다면서 국과수로 보내기로 결정했다.

3월 9일, 사고 버스 CCTV가 경찰서에 도착했고 3월 17일, 국과수에 접수되었다. 접수한 지 한 달 만에 운수회사 이사와 같이 경찰서로 나오라는 연락을 받았다. 도착하니 담당자가 하는 말은 국과수에서 확인해 본 결과 경기 바 0000가 사고를 낸 것이 확실하다면서 국과수에서 내려보낸 서류를 대충 읽어주더니 두 분이서 합의를 보라는 말을 남겨놓고 서류를 가지고 꽁무니가 빠져라, 하고 자리를 떠났다. 이사도 연락 준다는 말을 남기고 가버리고 그 후 버스회사에서 아무런 연락이 없어 버스 공제회사에 접수해서 병원 치료비와 회사에서 일 못 한 것에 대한 보상금을 신청했다. 남들은 보상금을 더 신청하라고 했지만, 치료비와 회사에서 일 못 한 것만 보상받았다. 버스공제회사 직원이 보상금을 통장으로 넣었다고 전하면서 아주머니 같은 분이니까 보상을 받으셨지 다른 분들 같으면 못 받았다고 너스레를 떨었다.

주위에서는 경찰서 사고 담당자를 경기경찰청 민원실로 민원을 넣어 혼내주라고 했지만, 내 동생과 조카들을 생각해서 민원 올리는 것을 포기했다. 불성실한 경찰 공무원 한 사람 때문에 국과수에까지 피해를 준 것 같아서 입안이 씁쓸하다. 사고가 난 지 4개월 만에, 경찰서에 열두 번 드나들고 나서야 사건이 해결되었다. 앞으로는 나 같은 피해자가 더 이상 나오지 않기를 마음속으로 바랄 뿐이다.

큰집

큰집은 내가 다니던 초등학교에서 가까운 곳에 있었다. 큰집 마당 입구에는 아름드리 느티나무가 있어서 마을 주변에서는 홰나무 집이라면 모르는 사람이 없었고 부잣집이라고도 불렸다.

큰집에는 할아버지와 큰아버지를 위시한 대가족이 살았다. 식구가 많다 보니 집도 커서 돌담 안뜰에는 밤나무, 배나무, 물앵두나무가 자랐고 닭장 벽 문 쪽으로는 소 외양간도 있었다. 무엇보다도 큰집이 좋았던 점은 초등학교가 가까운 것이었다.

우리 집에서 초등학교까지는 걸어서 30분은 족히 걸렸다. 그때는 우산이 귀했으니 비가 오면 비를 피해 큰집으로 들어갔고 날씨가 추워도 들르곤 했다. 아마도 사촌오빠와 언니가 나와는 나이 차가 많아서 식구들에게 귀여움을 받는 것이 좋아서 초등학교를 대부분 큰집에서 다니다시피 한 것 같다.

큰집 안방에는 벽장이 있었는데 그 안에는 술과 담배를 못 하시는 할아버지 간식거리가 들어 있었다. 그중 나의 입맛을 자극하는 것은 손님들이 오실 때마다 사 오셨던 사탕이었을 것이다. 그때 할아버지가 꺼내주셨던 해태 왕 드롭프스의 달콤새콤한 맛은 지금도 입안에 단맛의 여운을 느끼게 한다. 집안의 큰며느리답게 큰어머니는 음식솜씨가 뛰어나서 할아버지와 식구들의 입맛을 다 맞추었다. 그중에서도 찹쌀고추장은 유난히도 반짝거렸고 나는 지금도 고추장에 밥을 비벼 먹던 여름철의 그 맛을 잊지 못한다.

큰집은 논농사가 많아 일하는 분을 두셨는데도 아버지는 이른 봄, 못자리로부터 시작하여 모내기와 여름철 김매기를 거쳐 가을에 벼 타작이 끝날 때까지 큰댁 일을 도와주셨다. 그래서 동네 이웃 사람들은 형제 우애가 좋다고 부러워들 하셨다. 할아버지는 성격이 꼼꼼하신 분이라 논배미를 둘러보시다가 돌피가 한 붓이라도 보이면 바짓가랑이를 걷어붙이고 논 가운데 있는 돌피를 뽑아 버리셔야 직성이 풀리셨다.

또 부지런하시어 모돈을 여러 마리 키우셨다. 돼지가 새끼를 낳는 날이면 부정을 타면 안 된다고 붉은 황토흙을 떠다가 대문 앞에 상토를 피워 잡사람들을 가리기까지 할 정도로 매사에 흐트러짐이 없는 분이셨다. 한 가지 기억에 남는 일은 돼지가 새끼를 막 낳은 후 막내며느리가 미국에서 할아버지를 뵈러 왔다. 그런데도 부정을 탄다며 집안에 들이지 않고 이웃에 사는 작은아버지 집에서 만나 보셨다고 했다.

그래서 막내 숙모는 할아버지 마음을 이해 못 하고 섭섭해하셨다는 것이다. 할아버지는 그럴 정도로 돼지를 키우는데 지극정성을 다 하셨다. 큰집 부엌 구석에는 뜨물 항아리를 묻어놓고 쌀뜨물을 비롯하여 허드렛물 한 방울도 버리지 않고 모아서 돼지 먹이를 주곤 하셨다.

큰집은 제사도 많아서 제삿날이 돌아오면 제사 준비로 분주했다. 지금은 가게에 가서 나물을 조금씩 사다가 쓰면 되지만 그때만 해도 제사가 있기 열흘 전부터 콩과 녹두의 티를 골라서 깨끗이 씻은 뒤 물에 불렸다가 건져서 시루에 안쳤다.

그리고는 짚으로 덮고 밤나무 가지를 꺾어서 웃마개를 지른 다음 함지에다 나무로 깎아서 만든 삼발이를 걸쳐놓고 그 위에 시루를 올리고 바가지로 하루에 두세 차례 물을 주며 콩나물과 숙주나물을 정성껏 길러서 제사에 썼다. 제삿날 사흘 전쯤에는 두부를 만들고 움에 묻어 놓았던 배추와 무를 꺼내어 김치도 새로 담그며 식혜도 했다.

제삿날 아침에는 맷돌에 미리 타 놓았던 녹두를 물에 불려 껍질을 앗고 약간의 쌀을 함께 넣어 맷돌에 갈아놓고 큰 솥 아궁이 앞에 번철을 걸고 기름을 넉넉히 두르고 녹두김치전을 채반에 가득 부쳤다. 두부도 바구니에 건져 두툼하게 썰어 굵은 소금을 뿌려 재워 부치고 계란도 풀어서 소고기를 넣어 육전을 부치고 나면 집 안팎은 매캐한 연기와 고소한 기름 냄새로 가득 찼다. 큰어머니가 다시마를 내어주면 가위로 반듯하게 잘라서 깨끗한 행주로 닦아 튀각 튀김 준비를 해드리고 방앗간에서 빻아온 다식 재료를 반죽하여 동그라미를 만들어 다식판에 예쁘게 찍어 모판에 가득 담아 놓으면 내가 맡은 일은 끝이 났다.

그 시간쯤이면 큰아버지가 읍내 장에서 제사상에 올릴 여러 가지 과일 등 제수 용품을 사 오셨다. 저녁 무렵 큰어머니는 떡가루에 물을 주어 두 손으로 골고루 비벼서 고운 채에 내려 두었다. 가을에 말려두었던 호박고지를 찜통에 쪄서 썬 뒤 떡가루와 버무려서 한 켜 넣은 후 움에 묻어 놓았던 꽃자주색 근대 뿌리를 꺼내어 껍질을 벗긴 뒤 얇게 썰어 또 한 켜 버무려서 올려놓았다. 무도 채 썰어 무 버무리를 또 한 켜 올려 안친 뒤, 맨 위에 떡가루를 얇게 얹어 콩가루를 뿌려 편을 쪄놓으면 부엌에는 떡 시루에서 올라온 김으로 일하는 사람이 잘 보이지 않았고 온 집안이 떡 냄새로 진동을 했다.

저녁상에는 김칫국을 끓이고 떡을 썰어 그릇에 담아 온 가족이 모여 저녁 식사를 했다. 저녁 식사를 마치고 나면 집안 대소가 아저씨, 오빠들이 제사를 지내러 오고 아버지와 작은아버지는 낮에 준비한 음식들을 접시에 담아 제사상에 올리시느라 분주했다. 늦은 밤 큰아버지의 축문 읽는 것을 끝으로 제사는 끝이 나고 차린 음식을 골고루 담아 안주 접시를 만들어 식구들과 나누어 드셨다. 아버지는 큰상에다 동네 이웃들에게 나누어줄 제사음식과 가족들 몫으로 꾸려놓았던 꾸러미를 집으로 돌아가는 집안 식구들 손에 들려주셨다.

큰집은 이웃에 잔칫집이 있으면 여러 가지 떡을 해서 부조를 하셨다._지금은 떡을 해주는 방앗간이 있지만 예전에는 인절미와 절편과 송편을 집에서 직접 만들었다. 찹쌀을 불린 뒤 씻어 건져 시루에 쪄서 뜸을 들인 후 부엌 바닥에 짚을 깔고 시루에 쪄놓은 찰밥을 나무 안반에 쏟아부었다. 아버지와 작은아버지가 머리에 수건을 쓰고 긴 무명 앞치마를 두른 뒤 떡메로 쳐서 그릇에 담아 안으로 가져다주면 큰어머니와 작은어머니들이 도마 위에 콩가루를 뿌려 두 손으로 잘 비벼서 칼로 잘라주었다. 그러면 여럿이 둘러앉아 콩고물을 골고루 묻혀 상 위에 얹어 드렸다.

인절미를 상위에다 예쁘게 재워 놓는 일은 언제나 아버지 몫이었다. 재워 놓은 인절미가 식으면 다시 한번 뒤집어 재운 뒤 네모난 행담에다 반듯하게 담아서 큰일 치르는 집에 가져다드리고는 했다. 나는 어려서부터 큰집을 자주 드나들면서 큰어머니가 음식

하는 것을 많이 보고 배웠기 때문에 요리하는 데 많은 도움이 됐다. 제사며 명절 음식을 하시느라 분주한 큰어머니 모습이 눈앞에 어른거린다.

남동생

자식 자랑은 팔불출이라는 옛말이 있다. 그러나 나는 자식 자랑이 아닌 남동생 자랑을 하고 싶다.

네 살 터울의 남동생이 있는데 요즘 보기 드문 효자다. 동생은 내 부모님이 아닌 장모님을 지극정성으로 모시며 살고 있다. 서른여덟에 결혼해 올케하고 8년을 살았는데 올케가 여덟 살 된 아들을 하나 남겨놓고 암으로 먼저 세상을 떠났다.

동생은 어린 아들을 장모님한테 맡기고 직장을 다녀야만 했다. 자식을 보살펴주는 장모님을 잘 모시고 사는 것이 당연한 이치이지만 곁에서 지켜보니 잘해도 너무 잘해 대견스럽다.

동생은 평일에는 직장에 다니고 주말이면 낚시를 다닌다. 석모도로 낚시를 가서 농어를 잡아다가 장모님이 좋아하시는 회도 떠드리고 매운탕도 끓여 드리곤 한다. 또 산을 잘 타서 평생에 한 번

캐기도 힘들다는 산삼을 세 번이나 캐다 드리고 도라지, 잔대 등 등 약초를 캐어다 차로 끓여 드린다.

그래서인지 장모님은 15년 전 뇌종양 암 판정을 받았지만, 구순이 넘은 지금까지도 건강하시다. 봄에는 고향 뒷산에 올라 두릅순을 따다가 드리고 여름 장마 때는 흔하지 않은 오이꽃 버섯을 따다가 요리를 해드리는가 하면, 가을에는 장모님이 도토리묵을 좋아하신다고 휴일에도 쉬지 않고 도토리, 상수리를 주워다가 묵가루를 만들어 묵을 쑤어 드리기도 한다.

동생의 장모님은 이북에서 피난 내려와 결혼하시어 외동딸 하나를 낳고 사시다가 외동딸을 저세상으로 먼저 보내고 혼자 사시는 외로운 분이시다. 성격도 원만하지 않고 대쪽 같아 친 부모님이라도 모시고 살기 힘든 분이시다. 그러한 장모님 비위를 맞추고 사노라면 동생도 힘든 부분도 있었을 것이다.

그러한데도 장모님이 잡숫고 싶다는 음식은 무엇이든 맛집을 찾아다니며 사드리곤 한다. 장모님은 요양보호사가 남의 식구라서 도움받는 것도 싫어하시고 당신을 요양원에도 보내지 말아 달라고 고집을 피우신다고 했다.

동생의 아들은 대학 3학년을 마치고 공익근무요원으로 근무하는데 11월이면 제대를 한다고 한다. 동생의 장모님이 건강하시어 손자가 대학 공부를 마치고 결혼하는 것을 보고 돌아가셨으면 하는 것이 나의 바람이다.

축구를 즐기다

지난 2021~2022 잉글랜드 프리미어 리그 경기에서 23골을 넣어 득점왕이 된 손흥민 선수가 2022~2023 프리미어리그 7라운드, 챔피언스 리그 1라운드를 포함 8라운드를 선발 출전했지만 1골도 득점하지 못했다. 프리미어리그 토트넘 대 레스터 시티 9라운드 경기에서 토토넘의 콘테 감독이 부임한 이후로 손흥민 선수는 전반전에 출전하지 못하고 교체 명단에 올라 벤지에 앉아 경기를 지켜봐야 하는 불운을 맞이하여야만 했다.

토트넘은 전반전 5분 만에 산체스가 토트넘 페널티박스 안에서 반칙을 범해 레스터시티 팀에게 페널티킥으로 한 골을 내주어야 했으나 곧이어 토트넘 케인 선수가 헤더 슛으로 1:1 동점을 만들어 냈다. 전반 21분에 토트넘 에릭 다이어가 헤더 슛으로 2:1 역전승을 전반 5분을 남겨놓고 레스터시티 제임스 메디슨이 1골을 넣어 2:2 동점을 만들며 전반전을 끝냈다.

후반전 시작하자마자 토트넘에 벤탕크루가 또 한 골을 넣어 3:2

역전을 만들어냈고 손흥민 선수가 후반전 56분에 교체가 되어 경기장으로 들어갔다. 73분 손흥민 선수가 왼발 감아 차기로 그동안 갈망하던 첫 골을 터뜨렸다. 83분에 오른쪽 감아 차기로 두 번째 골을 넣자 토트넘 콘테 감독은 아이처럼 펄쩍 뛰며 기뻐했다. 87분에 오른쪽 발로 또 한 골을 넣어 손흥민 선수는 아홉 경기 만에 해트트릭을 이루어냈다. 그동안 토트넘 팬, 국내 팬들 가슴을 조이게 했던 팬들의 한을 풀어주었다. 잉글랜드 프리미어리그 선수 중에 후반전에 교체되어 해트트릭을 한 선수 중 손흥민 선수가 일곱 번째로 뽑혔고 토트넘팀에서는 첫 번째 선수로 뽑혔다.

손흥민 선수의 아버지는 축구를 잘하는 것보다 인성이 더 중요하다, 라고 가르쳤다 한다. 그러한 가르침을 받아서인지 손흥민 선수는 경기 도중에도 상대방 선수가 넘어지면 일으켜 주는 배려하는 마음이 엿보였고 국가대표 경기 때도 주장으로서 후배들을 격려하는 믿음직한 태도를 보여주곤 했다. 영국 어린이 장애인 팬들이 집으로 찾아오거나 관중석에서 손흥민 선수가 입었던 유니폼을 원하면 아낌없이 벗어 사인을 해주는 모습을 화면에서 볼 수 있어 보기가 좋았다.

손흥민 선수가 국가대표 친선 경기에서 지난 9월 23일 코스타리카와 친선경기에서 프리킥으로 한 골을 넣어 1:1을 동점을 만들어냈고 9월 27일 카메룬과의 친선 경기에서는 헤더슛으로 1:0 승리를 이끌어 냈다. 10월 13일 새벽, 영국 런던 토트넘 스타디움에서 열린 아인트라흐트 프랑크푸르트와 2022~2023 유럽축구연맹 챔피언스리그 조별리그 D조 4차전에 선발 출장, 멀티 골을 터트리며 3:2 승리를 했다. 이에 UEFA는 손흥민을 이 경기 최고 선수로 선정해 선수에게 MVP 트로피를 수상했다. 오는 11월~12월 월드컵 경기에서 손흥민 선수가 어떠한 골을 넣을지 벌써부터 기대가 크다.

소문

"어머니, 혹시 전화 안 받으셨어요."

"무슨 전화?"

"제 친구한테서 혹시 어머니가 돌아가셨느냐는 전화가 왔어요. 친구 어머니가 목욕탕에 갔다가 사람들한테 어머니가 돌아가셨다는 얘기를 들으셨나 봐요. 죽었다고 소문이 나면 오래 산다는데, 내가 오래오래 살겠구나." 큰애가 뜬금없이 하는 말에 웃으면서 대답했다.

며칠 전 아침 일찍 서울에서 우리 식당으로 출퇴근하며 일을 했던 언니한테서 전화가 걸려 왔다. "식당에 무슨 일 없어요." "아무 일 없는데 왜 그래요?" 조금 전에 그 언니 휴대전화에 문자가 들어왔는데 '고 이00 오전 6시 30분 타계. 빈소 0000 병원 장례식장'이라고 적혀 있다고 했다. 전화를 받는 순간 가슴이 쿵 하고 내려앉으며 내 집안 식구의 일이나 되는 것처럼 눈앞이 캄캄해졌다.

그는 얼마 전까지 우리 식당에서 일을 했었다. 식당 주방 인력을 줄이게 되면서 그가 우리 식당을 그만두고 다른 한식집으로 일을 다니고 있다는 소식을 들은 게 바로 얼마 전의 일인데, 그러던 그가 갑자기 떠났다니 도통 실감이 나질 않았다. 믿기지 않는 일이라서 얼른 내 휴대전화를 열어보니 역시 같은 문자가 들어와 있었다.

그곳 주방에서 일을 하다가 갑자기 쓰러져서 구급차에 실려 병원으로 갔는데 뇌경색이라고 했다는 것이다. 심장도 좋지 않고 당뇨가 심해서 수술을 하지 못하고 다시 동네병원으로 실려 왔다가 가족들에게 말 한마디 남기지 못한 채 만 하루 만에 저세상으로 떠났다고 했다.

식당을 운영하면서 여러 직원들을 만나서 함께 일을 하다 보면, 그중 일부를 제외하고는 제각기 말 못할 사연을 하나씩은 갖고 있다. 그는 남편이 바람이 나서 다른 여자와 살림을 차리는 바람에 서른여덟에 이혼을 하고 여자 혼자 몸으로 3남매를 길렀다. 그동안 식당 일을 해가며 자식들 먹이고 입히고 공부를 가르쳐서 두 딸은 출가시켜서 알밤 같은 손자도 보았다. 두 달 전에는 임대아파트에 입주를 하게 되어 이제는 더 이상 이사를 다니지 않아도 되니 안정된 보금자리를 찾았다며 그렇게 좋아했었는데, 고생하던 사람이 살만하면 죽는다고 하더니 꼭 그를 두고 한 말 같았다.

쉰다섯이면 아직은 한창이 아닌가. 자식들 공부를 시켜서 각자 짝을 맺어주었겠다, 병든 노부모가 집에 계시길 하나, 저녁밥을 챙겨줄 남편이 있길 하나, 누구 하나 신경 쓸 것 없이 홀가분한 몸이니 이제는 당신이 하고 싶었던 것을 하나씩 해가면서 자신만을 위한 삶을 즐기며 살아갈 수 있을 텐데…. 거기다 외손녀와 외손자 재롱을 보면서 재미있게 살 나이인데, 귀여운 손자 손녀와 고생고생하며 키운 자식들을 두고 어떻게 눈을 감았을까 생각을 하니 눈물이 앞을 가렸다. 그의 친정어머니가 작년에 암으로 돌아가셨는데 당신 딸이 평생 고생하고 사는 것이 안쓰러워 이제 우리 딸 고생일랑 그만하고 내 곁에서 같이 지내자고 친정어머니가 딸을 데려가신 것 같은 생각이 든다.

그 일로 우리 식당은 주인이 죽었다더라, 일하던 아주머니가 주방에서 쓰러져 병원으로 옮겼는데 죽었다는 등 한동안 온갖 소문이 시내에 난무했다. 내가 이렇게 건강하게 살아있는 데다 주방일을 보는 아주머니들이 무탈하니 그런 소문쯤이야 시간이 흐르면 가라앉을 것이므로 신경 쓸 일은 아니다. 그보다 이렇게 그를 갑자기 떠나보내고 보니 살아 있을 때 좀 더 따뜻하게 대해 줄 것을 주인과 종업원이라는 관계로 혹시라도 마음 불편한 점은 없었을까 하는 생각을 해보게 된다.

불과 얼마 전까지만 해도 안부를 묻는 전화를 하거나 함께 식사를 하며 이런저런 이야기를 주고받았건만, 이제 더 이상 그를 볼 수도 없고 목소리를 들을 수가 없다니… 자식들 굶기지 않고 먹이며 공부시키느라 어느 하루도 손끝에 물이 마르지 않은 날이 없을 정도로 고생하며 살았으니 이제부터라도 누구보다도 행복하게 살아야 하는 사람인데 그렇게 허무하게 가버리다니 정말 사람이 죽고 사는 것은 한순간인 것 같다. 부디 저세상에서나마 좋은 사람을 만나서 행복하게 잘 살기를 빌어본다.

부추

어제는 부추를 재배하는 유 선생님의 집을 방문했다. 유 선생님은 논농사를 지으면서 일부 논에다 흙을 메꿔서 부추 재배를 하신다. 부추농장의 비닐하우스를 둘러보니 영양 부추와 일반 부추는 물론 쪽파와 열무가 자라고 있었다. 지난겨울, 눈보라에 피해를 입은 비닐하우스 4동은 철제가 뽑혀 부추가 노지에 방치되어 있었다.

첫 수확을 바라보는 부추가 기온 차이로 끝부분이 말라서 상품가치가 떨어져 안타깝게도 베어버려야 한다고 했다. 하지만 다른 영양 부추를 손질해 농산물 시장에 출하해야 해서 부추를 베어버릴 시간이 없다는 말도 덧붙였다.

끝이 보이지 않는 부추밭은 보리밭을 연상케 했다. 전에 부추를 손질해주던 동네 할머니들이 요즘엔 관공서에서 피켓을 들고 있으면 힘들게 일을 하지 않아도 일당을 받을 수 있어 그곳으로 몰려가 동네 할머니들의 일손 구하기가 하늘의 별 따기라며 나에게 일할 사람을 찾아달라고 부탁을 했다.

때마침 통진빌라에 사는 형님을 버스에서 만났는데, 하던 일을 그만두었다면서 일자리를 부탁했던 생각이 떠올랐다. 퇴근길에 형님 집을 찾아갔더니 현관문이 잠겨있었다. 전화번호를 적어 문틈에 넣어놓고 보는 대로 전화를 해 달라고 했더니 다음날 바로 전화가 왔다. 며칠 전까지 소일거리가 없어 놀고 있었는데, 요즘은 작은딸이 배울 것이 있다며 외손주를 맡겨서 당분간 딸네 집으로 출퇴근을 한다고 했다.

그 많은 부추를 베어버리는 것이 아까워, 추어탕 식당을 하는 형님한테 연락을 했더니 반색을 하셨다. 이번 주 토요일은 출근을 안 하니까 같이 가서 도와드리겠다고 전하니 토요일 아침 일찍 베어오자고 하셨다. 추어탕 형님과 이웃분들과 같이 네 명이 자동차를 타고 부추농장으로 향했다.

부추를 베려고 하니 부추 베는 낫이 따로 있다는 것이 아닌가. 부추를 베는 낫은 일반 낫보다 작고 날이 톱날로 되어 있었다. 유 선생님은 좋은 부추를 수확하려면 부추를 쥐고 밑동을 바짝 잘라야 된다며 베는 방법을 가르쳐주셨다. 우리들은 조심스레 부추를 베었다. 부추는 이른 4월에 수확하는 초벌 부추가 제일 좋다고 한다. 초벌 부추에는 인삼, 녹용과도 바꾸지 않을 정도로 영양이 많다고 한다. 초벌 부추는 사위가 와도 주지 않는다는 말이 있다고 하니 부추의 효능을 알아보기 위해 인터넷 검색을 했다.

부추의 원산지는 동남아시아, 중국, 일본, 한국인데 한국에는 삼국시대에 들어온 것으로 추정된다고 적혀 있었다. 또한 부추에는 비타민A, B1, B2, 카로틴, 비타민C, 칼슘이 풍부하고 에너지 대사를 활발하게 하며 원기 회복은 물론, 간 기능을 개선하고 위암, 유방암, 간암 세포의 성장을 억제한다고 한다. 특히 부추는 따듯한 성질이 있어서 몸속의 독을 풀거나, 부추를 짓이겨 상처 부위에 놔두면 출혈을 멎게 하고 철분이 많아 빈혈과 당뇨병을 예방하는데 탁월한 효과를 낸다고 한다. 그리고 여름철에 더위를 먹었을 때 먹으면 천연 소화제 역할을 하고 옻으로 독이 올라 가려울 때 부추를 짓이겨 바르면 된다고 하니, 부추가 지닌 효능이 많음을 알게 되었다.

하지만 조심해야 할 부분도 있었다. 부추를 먹을 때 유의할 점은 벌꿀이나 소고기와 함께 먹는 것을 피하고 양배추, 당근, 셀러리, 사과 등과 혼합해 먹는 것이 좋다고 한다. 부추가 좋다고 너무 많이 먹으면 설사도 할 수도 있다. 특히 알레르기 체질인 사람은 많이 먹지 않는 것이 좋다. 무엇이든지 과하면 탈이 나는 법이다.

부추를 맛있게 먹는 방법 중에 부추전이 있다. 부추를 다듬어 씻어서 믹서기에 물을 조금 넣어 갈고 포기김치를 송송 썰어 부침가루와 부추 갈아낸 것을 섞어서 전을 부쳐 먹으면 정말 맛있다. 베어온 부추를 집에 가져와 다듬어 보려 하니 보통 어려운 일이 아니었다. 그래도 알뜰히 다듬어서 부추김치를 한 통 담았더니 뿌듯함이 느껴졌다.

건강 프로그램 비타민에서 한국인이 반드시 먹어야 할 10대 푸드로 부추가 선정되었다고 한다. 그만큼 영양분이 많고 건강에도 좋다고 하니 부추를 먹으면서 건강을 챙겨야겠다.

김장

전에는 중부지방에서는 8월 10일에서 15일 무렵에 김장배추 씨앗을 파종을 하고 무는 8월 20일에서 25일경에 씨앗으로 파종을 했다. 하지만 근년에는 비닐포토에 모종을 키워서 심거나 모종을 사다 심는다.

지난여름에는 늦은 장맛비 때문에 모래 성분이 많은 밭은 적기에 배추 모종을 사다 심을 수가 있었다. 하지만 우리가 배추를 심을 형님네 밭은 진흙밭이라서 차일피일 미루다 보니 이웃보다 열흘 정도 늦게 배추 모종과 순무 모종을 사다 심었다. 밭을 갈고 고르기 전에 살충제인 '후라단'을 뿌리고 쇠스랑으로 고른 다음 비닐을 씌워야 하는데 준비해놓고도 깜빡 잊어버리고 비닐을 씌워 버렸다.

물을 충분히 주고 모종을 심었는데도 장마가 끝난 후 비가 더 이상 오지 않아 형님과 같이 몇 차례 물을 주었는데도 모종이 죽어버려 다시 한 판을 사다 심었다. 그렇게 정성을 들여서인지 밭에 나가보면 나풀나풀 배추가 잘 자라주었다.

시월 중순께 배추포기를 비닐끈으로 한 포기 한 포기 묶어 주다 보니, 배추벌레가 배춧잎을 갉아 먹고 있었다. 배추포기를 한 겹 한 겹 젖혀 가면서 벌레를 잡다가 생각해보니 농약을 한 번도 주지 않아 벌레가 덤벼든 것 같았다. 지금 농약을 뿌리자니 너무 늦은 것 같고 매일 밭에 나와 벌레를 잡아주면 되는데 직장에 다녀야 하기 때문에 그럴 시간이 없었다.

아래 밭에 심어 놓은 알타리무를 솎아서 집으로 돌아와 다듬어 씻은 후 삶아서 된장국을 끓이는데 그이가 옆에서 양념을 넣어주며 도와주었다. 혼자서 라면 하나 끓여 먹지 못하던 남편이었는데 가게를 그만둔 후로 내가 주방에서 요리를 하면 곧잘 도와준다. "오늘 밭에서 배추통을 묶어 주다 보니 배추벌레가 있어 벌레를 잡다가 들어왔는데 농약 줄 시기가 지나 농약을 뿌릴 수도 없네요." 하고 말했더니 남편은 생각할 틈도 없이 "벌레가 먹고 남은 것을 우리가 먹으면 되지. 뭘 그런 것을 가지고 걱정을 하느냐"고 말한다.

생각해보니 맞는 말이다. 벌레가 갉아 먹으면 얼마나 먹는다고 내가 괜한 걱정을 한 것 같다. 배추를 심고 길러놨지만, 김장철이다가오니 김장할 걱정이 태산이다. 올해는 배추, 무 농사가 풍작이다. 형님네는 강화 이모님 댁에서 배추와 무를 얻어 그곳에서 김장을 해서 가져온다고 삼십여 포기만 필요하다고 했다. 배추 통을 세어보니 실한 것이 백 통이 넘고 속이 덜 찬 것이 또 백 통이 넘었다. 지난해까지 식당을 운영할 때는 실한 것은 김장을 담그고 속이 덜 찬 것은 우거지감으로 절여 국도 끓이고 나물로도 볶아먹어 버릴 것이 없었는데 이제는 식당을 그만두었으니 우거지가 필요하지 않았다.

식당을 접으면서 집도 아파트로 옮겼으니 이 많은 김장을 담그려면 어떻게 해야 하나 며칠째 잠을 설쳤다. 형님이 친하게 지내는 분 중에 식당을 운영하는 형님이 있어 사정을 얘기하였더니 때마침 그 집에 배추 절이고 남은 소금물을 버리지 않았으니 배추를 가지고 와서 담가 가라고 흔쾌히 대답해 주었다.

작은애가 1톤 트럭을 가지고 있는 친구한테 도움을 청해 배추를 식당까지 운반해줘 실한 것은 골라 절이고 속이 덜 찬 배추는 식당 형님한테 드렸다. 형님은 강남에 사는 남동생이 파란 배추로 담근 김치를 좋아한다면서 알알이 다듬어서 자루에 담아놓았다. 때마침 딸이 친정에 다니러 와서 딸 자동차에 실어 동생네 집으로 보냈다.

식당은 뒤뜰이 넓고 개울 옆이라 배추 쓰레기며 배추 씻은 물을 버리기에 좋았다. 배추와 알타리무를 절여놓고 집으로 돌아왔다. 친정에서 보내온 무를 씻어 무채를 썰고 양념을 넣어 채짱아찌를 버무려 비닐봉투에 담았다. 아침 일찍 일어나 채짱아찌 봉투를 자동차에 싣고 도착해 배추를 씻고 있는데 인천에 사는 여동생 내외가 와서 거들어 주었다. 김장을 해야 할 양이 적지는 않았지만 여럿이 같이하다 보니 저녁 무렵에 마무리 지을 수 있었다.

식당 형님네, 동생네, 큰아들 회사 부장님네 등 김장김치를 나눠 담았다. 우리도 커다란 고무통에 알타리김치 한 통, 배추김치 한 통을 넣어 식당 뒤뜰에 보관해두고 청소를 마치고 집으로 돌아오니 저녁 여덟 시가 넘었다. 바깥에서 하루 종일 김장을 담가서 그런지 따뜻한 집안에 들어오니 온몸이 나른한 게 피로가 몰려왔다.

남편이 꿀물을 한 잔 타서 들고 와서는 말했다. "자네는 왜 고생을 사서 하나? 내년부터는 절임배추 스무 포기만 사서 집에서 간단히 하게." 한다. 절임배추로 김장을 담그면 편한 줄 누가 모르며 이 집 저 집 나눠 먹지 않고 딱 우리 식구만 먹을 김장만 하면 손쉬운 줄 누가 모르겠는가. 모종을 심는 날부터 농약 한 번 주지 않고 내 손으로 물을 줘가며 손수 기른 배추로 담근 김장김치를 먹으며 행복해할 가족과 친지들이 있으니 아직은 이 일을 그만두기는 힘들 것 같다.

식당 주방에서

동네 골목상권을 위협하는 24시 편의점과 속속 들어서는 대형 마트에 밀려 22년간 운영하던 슈퍼와 야채가게, 식당까지 함께 접었다.

"어머니, 제 생각에 어머니도 이제는 건강을 생각해서 이 기회에 식당도 같이 접고 쉬셨으면 좋겠어요." 큰애가 제의해왔다.

생각해보니 식당을 계속하다 보면 큰애의 도움이 필요하고 더 늦기 전에 새로운 직장을 갖고 싶어 하는 큰애의 앞길을 막는 것 같아 슈퍼를 그만두면서 13년 동안 운영해오던 식당까지 접었다. 한편으론 그동안 시간이 없어 할 수 없었던 일도 해보고 여행도 가고 늦잠도 실컷 자보고 아무튼 그때 생각으론 식당 일이라면 뒤도 돌아보고 싶지 않았다.

그러나 몇 개월 쉬다 보니 쉬는 것도 무료해지기 시작했다. 낮잠도 자고 TV도 보고 누웠다 일어나기를 반복하는 일도 따분하기 그지없었다. 10층 베란다에 서서 지나다니는 사람들과 드나드는 차량을 내려다보고 있으려니 내가 이렇게 일을 안 하고 놀고먹어도 되나 하는 생각에 우울증에 걸릴 것만 같았다. 이렇게 지내다가는 안 되겠다 싶어서 일자리를 찾아보기로 했다.

시청 일자리센터에 전화를 걸어 일자리를 부탁했다. 난생처음으로 일자리 면접을 봤다. 여자 조리부장이 고향 사람이라 친근감에 선뜻 구내식당 찬모로 취직했다. 그리하여 직장이라는 것을 갖게 되었다. 같은 식당 일이라고 해도 내가 오너로 있을 때와 차원이 다르니까 자존심 같은 것은 흐르는 강물에 모두 띄워버리고 그곳에서 시키는 대로 아는 것도 물어가며 일을 해보리라 다짐을 했다.

주방에서는 조리부장 외에도 볶음요리를 맡아 하는 남자 과장과 찬모 두 명, 설거지 네 명, 밥모 두 명, 야채를 다듬고 배달을 따라 나가는 직원 두 명 그렇게 열세 명이 일을 했다. 출근해서 야채를 써는 시간이 서너 시간은 보통이고 생선을 굽는 날이면 다섯 시간 꼼짝없이 서서 일을 해야 했다.

아침은 100명, 점심시간에는 배달을 포함 1200여 명, 저녁은 200여 명 도합 1500여 명의 식사 준비를 했다. 일은 힘들어도 참을 수가 있는데 조리부장의 히스테리는 정말 참기가 힘들었다. 처음 일을 시작할 때 강물에 띄워버린 자존심이 가슴 한쪽에 남아 있었는지 사장님한테 아무래도 일을 그만두어야겠다고 말씀드렸다. 사장님은 조리부장의 성격에 문제가 있어서 직원들이 자주 바뀌었다면서 참고 좀 더 도와주면 고맙겠다며 간곡하게 부탁을 했다. 그래서 더 다녀보기로 했다.

시키는 대로 하건만 날이 갈수록 조리부장은 사사건건 생트집이었다. 나중에 깨달은 사실이지만 그 사람은 조리부장이기는 해도 조리사 자격증이 없으니 혹여 내가 자기 자리를 넘볼까 봐 지레짐작을 하고 나한테 유독 못되게 굴었던 것 같았다. 같이 근무하던 직원들은 나한테 참고만 있지 말고 맞짱을 뜨라고 부추겼지만 상대할 가치조차 없는 사람과 상대한다는 것에 자존심이 허락하지를 않아서 결국에는 그 직장을 그만두고 말았다.

이후 뷔페식당에서 일을 하게 되었다. 그곳은 야채 냉장실 문턱이 높아 그곳을 자주 드나들다 보니 무릎이 아팠다. 이러한 환경에서 오래 일을 하다 보면 관절에 이상이 생길 것 같아 사장님한테 사정을 말하고 대신 일할 사람을 미리 구하라고 말씀드렸다. 며칠 후 파출로 일하는 사람이 왔다. 내 나이보다 몇 살 아래인 그녀에게 도토리묵을 썰어 달라고 부탁했더니 기분이 썩 좋지 않은 눈치였다. 그녀는 도토리묵을 다 썬 후에 오늘은 자신이 반찬을 만들 터이니 더 이상 참견하지 말라고 했다.

누가 주방 주인인데 처음 온 날부터 무례하게 구는구나, 생각하다가 나는 며칠 안 있으면 그만둘 사람이니 마음을 비우고 그녀가 시키는 대로 보조역할을 해주었다. 양념이 떨어졌으니 채워 달라, 채소를 다듬어달라는 등 일을 같이하면서도 자신보다 나이가 위인 나를 언니라고 불러주든지 실장인 나를 실장님이라고 불러주든지 했으면 좋으련만 아무런 호칭을 쓰지 않는 걸로 봐서 자존심이 무척 강한 사람인 것 같았다.

며칠 후 내 뒤를 이을 실장이 새로 들어왔다 내일부터 출근인데 주방일이 어떻게 돌아가나 궁금해서 미리 나와 봤다고 했다. 내가 나물을 삶고 있는 것을 보더니 깜짝 놀라며 다른 사람이 해야 할 일을 실장님이 왜 직접 하느냐고 묻는다. 대납 내신 한쪽 눈을 찔끔 감았더니 눈치를 채고는 적반하장도 유분수지 누가 주방 주인인데 파출일을 하러 온 사람이 실장한테 일을 시키느냐고 했다. 그녀는 새로 온 실장이 껄끄러운 것 같았다. 그리고 어떻게 왔느냐고 물었다.

내일부터 실장으로 출근할 거라고 대답하니 언짢다는 투로 자기가 하는 일에 참견하지도 말고 주위에서 거치적거리지 말라고 하면서 새로 온 실장과 티격태격했다. 결국 그녀는 퇴근 시간을 두 시간이나 남겨놓고 사장님한테 점심 먹은 것이 체하여 퇴근한다며 가버리고 말았다. 우리는 어이가 없어서 마주보고 웃었다. 정말 사회성이 부족한 사람이었다.

요양보호사

작년 10월 15일, 다니던 회사를 퇴직하고 실업급여를 받으면서 집에서 쉬게 되었다. 지인의 소개로 다른 회사에 조리사로 근무할 수 있는 기회가 있었지만 결혼 후 시부모님을 모시고 농사를 지으며 지낸 시간이 10년, 분가해서 야채가게와 식당 운영 22년, 회사에 입사해서 8년 4개월, 근 40여 년을 쉬지 않고 계속 일을 하였으니 기계도 일을 많이 하면 기름을 치고 조이고 재충전해야 다시 쓸 수 있듯이 이 기회에 집에서 느긋하게 8개월을 쉬면서 몸을 재충전하여 일자리를 찾기로 결정하고 당분간 쉬는 걸로 결정을 지었다.

그러나 코로나19 때문에 바깥에도 마음대로 나갈 수가 없게 되어 친구들도 만나지 못하고 각종 모임에도 참석할 수 없어 집안에만 갇혀 지내다 보니 답답하기가 이를 데가 없었다. 온종일 컴퓨터에 매달려있는 남편과의 대화도 물 건너가 그동안 읽지 못했던 책이라도 읽어보려고 펼쳐놓으면 졸음이 몰려와 생각다 못해 편의점에 가서 화투를 사가지고 들어왔다. 고스톱은 계산할 줄 몰라

못 하고 어릴 때 어깨 너머로 배운 민화투를 치려고 해도 같이 칠 상대가 없어 혼자서 치려니 재미가 없어 무료하기 짝이 없었다.

실업급여 때문에 고용보험센터를 방문하던 중 그곳에서 취업하는데 필요한 자격증을 취득하는데 지원금을 보조해 준다는 안내장이 있었다. 직원에게 문의해서 알아보니 본인이 취득하고 싶은 과목을 정하고 학원에 가서 접수하면 지원금을 받을 수 있다고 했다. 이 기회에 요양보호사 자격증을 따서 실업급여가 끝나면 취업을 해야겠다고 생각하고 시내에 있는 학원을 찾아가 접수를 하였다. 학원비가 138만 원인데 나라에서 지원을 해주고 본인이 부담하는 가격은 10퍼센트도 안 되었다. 수업은 2021년 1월 27일 시작해서 2021년 2월 24일 끝이 난다고 알려 주었다.

수업 첫날 등교해 보니 여학생이 23명 남학생이 8명 합계 31명이었다. 몇십 년 만에 책상에 앉아 공부를 하려니 온몸이 뒤틀리고 졸려서 집중이 되지 않았다. 그래도 점심시간이 되면 회비를 걷어 쌀을 사서 전기밥솥에 밥을 하고 당번을 정해 집에서 반찬을 가져와 여럿이 나누어 먹으니 꿀맛이었다. 4주간의 수업이 끝나고 요양원에서 열흘 동안 실습을 거쳐야 시험 볼 자격이 주어진다 했다.

실습 첫날은 주간 보호실로 갔는데 주간 보호실에서 하는 일은 아침 9시까지 할아버지 할머니를 모셔 와 노래도 가르쳐주고 편을 갈라 윷놀이도 하고 고스톱도 치고 지는 편이 붕어빵을 사는 시합도 했다. 오후 2시에는 목욕을 시켜드리고 낮잠도 주무시게 하며 저녁 5시에 안전하게 집으로 모셔다드리는 일이 주간 보호인데 어르신들의 유치원이라고 한다. 우리가 하는 일은 8시간 동안 어르신들을 도와드리는 일이었다.

5월 15일, 인천 선인고등학교에 가서 시험을 본 후 6월 1일 합격자 발표를 하였다. 다행히 나는 합격을 하여 8월에 자격증이 나와 내 집에서 멀지 않은 서암리 단독주택에 살고 계시는 아흔 살 되신 할머니를 케어하는 재가 요양보호사로 취업을 하게 되었다. 출근을 하고 보니 할머니는 한 살 아래인 할아버지와 살고 계셨다. 할머니는 4등급을 받으셨는데 다리가 조금 불편하신 것 외에는 큰 불편함은 없어 보였다. 그러나 할아버지는 오래전부터 당뇨를 앓으시어 신장 수술과 심장 수술을 하시어 후유증으로 이틀에 한 번 투석을 하러 병원에 다니는 2등급 환자분이다.

출근하여 내가 하는 일은 집안청소와 할머니의 말벗을 해드리며 반찬을 준비하여 저녁을 차려드리고 식사를 함께한 후 설거지를 해드리고 퇴근을 한다. 할머니는 손수 식사를 잘하시는데 할아버지는 중증 환자분이라 혼자서 식사하시는 것을 힘들어하셔서 내가 도와드린다. 전에 친정아버지가 병원에 입원하셨을 때 바쁘게 살고 있다는 핑계로 아버지를 올케한테 맡겨놓고 돌봐드리지 못

한 것이 후회로 밀려와 할아버지를 친정아버지라 생각하고 도와드리고 있다. 그래야 돌아가신 친정아버지한테 덜 죄송할 것 같아서다. 앞으로도 나를 필요로 하는 어르신들이 있다면 어디든지 달려가서 도움을 드려야겠다.

코뚜레

시동생이 집안 사정으로 남편과 같이하던 부식가게를 그만두게 되었다. 시동생을 대신해서 큰아들이 가락동 새벽시장에 다니게 되고 때맞춰 주방에서 일하는 아주머니까지 몸이 불편하여 쉬겠다고 하니 새로 사람을 구하기가 힘들어서 그동안 경영해 오던 식당 둘 중 한 곳을 임대하기로 했다. 가게 목도 좋은 편이고 시세보다 낮은 가격에 가게를 내놓았지만 경기가 예전 같지 않아서인지 가게를 보러 오는 사람은 많은데도 계약을 하자는 사람이 없었다.

가까이 지내는 이가 우리의 이런 사정을 알고는 거래가 빨리 성사되는 비법이 있다고 귀띔을 해주었다. 손님이 많은 다른 가게에서 가위를 하나 가져다 현관문 위에 거꾸로 걸어두던가, 아니면 소 코뚜레를 하나 구해서 식당 문 위에 걸어놓으라고 했다.

나도 식당을 경영하는 입장인데, 남의 식당 가위를 슬쩍하는 일은 그리 내키지 않는 일인지라 코뚜레를 걸어보기로 했다. 소를 키우는 손님한테 코뚜레를 하나 구해달라고 했더니 요즘 소들은 일소가 아니고 고기로 팔기 위한 육우이기 때문에 코뚜레를 하지 않으니 구하기 어렵다고 했다. 시부모님을 모시고 농사를 짓는 이에게 전화를 걸어서 혹시 예전에 쓰던 소 코뚜레가 있으면 하나 달라고 청했더니 그 집에는 없고 장날, 시장에서 소 코뚜레를 파는 것을 본 적이 있다며 장날 한번 나가보라고 했다.

오일장 날을 기다려 시장에 나갔더니 좌판을 벌여놓고 농기구를 파는 곳에 정말 코뚜레가 있었다. 여기저기 수소문을 해도 구하지 못한 코뚜레를 보니 얼마나 반가운지, 한 개에 오천 원을 주고 사다가 식당 현관문 위에 걸어 놓았다. 코뚜레를 바라볼 적마다 내일이라도 당장 계약을 하자는 작자가 나타날 것처럼 느껴져 마음이 편안해졌다.

친정 큰집 할아버지는 여러 마리 모돈을 기르면서 돼지 새끼를 내어 실한 놈은 골라 장에 내다 팔고 그중 무녀리는 매번 우리 집으로 보냈다. 아버지는 그 무녀리 새끼 돼지를 정성껏 길러 강화오일장에 데려가더니 송아지 한 마리를 사 오셨다. 털에 분홍빛이 살짝 감도는 송아지는 귀엽고 사랑스러웠지만 나는 송아지를 사 온 것을 마냥 기뻐할 수만은 없었다. 농사일에 바쁜 아버지를 대신해 송아지를 데리고 풀을 뜯기러 가는 일은 내 차지가 되었으니 말이다. 학교에 다녀오면 친구들과 마음 놓고 놀지도 못 하고 으레 송아지를 몰고 들로 나가야만 했다. 그렇게 6~7개월이 지나면 송아지의 힘이 세지기 때문에 짚으로 목테를 만들어 주거나 철물점에서 목테를 사다 고삐를 단단히 묶어 주었다. 그다음에는 송아지 입 언저리에 새끼줄을 엮어 굴레를 씌워 힘을 쓰지 못하게 했다.

그 후 몇 달 동안 잘 먹여 기르고 나서 송아지에게 코뚜레를 해주었다. 코뚜레를 만드는 나무로는 노간주나무가 제일 좋다고 했다. 나뭇가지를 잘라서 껍질을 벗긴 뒤 불에 쪼여서 둥글게 휘게 만들어 끝을 칡넝쿨로 마주 묶어 소 코뚜레를 미리 준비를 해 놓고 대추나무를 송곳처럼 뾰족하게 잘 다듬어 두었다가 송아지 코를 뚫기 직전에 불에 한 번 그슬려 소독을 해주었다.

송아지 코를 뚫는 날이면 동네 어른들이 모두 모여 막걸리를 드셨다. 동네마다 소의 코를 뚫는 아저씨가 따로 있었으니 미리 기별을 넣어서 아저씨를 모셔왔다. 여러 어른들이 송아지를 붙잡아서 꼼짝 못 하게 하고 코 뚫는 아저씨는 엄지와 검지를 송아지 콧속으로 집어넣어 만져봐서 제일 얇은 곳을 준비된 대추나무 송곳으로 사정없이 뚫어서 재빨리 코뚜레를 집어넣은 다음, 송아지 콧속에다 어린 사내아이에게 오줌을 누게 하여 소독을 했다. 어른 여럿이 달려들어 꼼짝 못 하게 붙잡았는데도 불구하고 몸부림을 치던 송아지는 코뚜레를 거는 순간부터는 신기하게도 순해졌다.

송아지 코를 뚫기 전에 애들은 어서 방으로 들어가라고 소리를 쳤는데 어린 우리들에게 험한 꼴을 보게 하지 않으려고 그렇게 한 것 같다. 여자들과 어린아이들은 멀찍이 떨어져서 송아지가 어떻게 될까 봐 두려움 반 걱정 반으로 송아지가 어른이 되는 의식을 지켜보았다.

송아지는 코를 꿰고 나면 청년 소가 된다. 아무리 사나운 송아지도 온순하게 되고 일을 배우게 된다. 코를 꿰어도 송아지에게는 야생 본능이 남아 있어서 일을 가르치기가 쉽지는 않았다. 어머니는 코뚜레를 잡고 아버지는 소를 끌고 부드러운 황토가 있는 밭에다 쟁기를 얇게 드리우고 소에게 일을 가르쳤다. 일을 잘 배우지 못하는 날에는 아버지에게 등을 흠씬 두들겨 맞기도 하고 욕을 먹기도 했다. 그렇게 힘들게 밭일을 배우고 나서는 논일도 배웠다. 일을 마친 후에는 들에서 집까지 꽤 먼 거리를 무거운 짐을 싣고 몇 번이고 실어 날랐다.

무녀리 새끼 돼지를 키워 팔아 사 온 송아지에게 코뚜레를 꿰어 일을 가르친 소가 힘든 일을 도맡아 하게 되면서 부모님은 밭도 사고 논도 사면서 재산을 조금씩 늘려갔고 논과 밭에서 나온 곡식을 팔아서 우리들 공부도 가르쳤다. 코뚜레를 한 소는 낮에는 힘들게 일을 했지만, 집에 와서는 가족처럼 대접을 받았다. 소가 좋아하는 콩 껍질과 볏짚을 넣어서 여물을 쑤어 여물통 가득 부어

주었으며 여름에 일을 많이 할 때는 콩을 삶아주기도 했다.

벽에 걸린 코뚜레를 바라보고 있으니 우리 송아지에게 코뚜레를 하던 날이 생각난다. 마당 가득 모여서 막걸리를 마시던 동네 어른들, 어머니와 동네 아주머니들, 송아지가 어찌 될까 봐 멀리서 가슴 조이며 지켜보던 나와 동생들, 동네 어른들에게 붙잡힌 채 몸부림을 치던 우리 송아지, 아주 오래전의 일인데도 어제 일처럼 생생하기만 하다. 왜 지나간 일은 송아지에게 족쇄를 채우는 그런 일까지도 아름답게만 기억되는 것인지.

* 무녀리 : 돼지가 새끼를 낳을 때 제일 먼저 낳는 새끼를 말하는데, 무녀리는 나중에 낳은 돼지 새끼보다 덜 자란다고 함.

국립 현충원

친정 셋째 고모님께서 전화를 하시어 어버이날도 며칠 남지 않았는데 아버지를 모신 대전 현충원에 가거든 당신도 같이 데려가 달라고 했다. "오빠를 국립묘지로 이장하고 난 후 한 번 찾아뵙는다는 것이 차일피일 미루다 보니 아직 찾아뵙지를 못했구나." 하시며 이번에는 우리들과 함께 다녀오시는 것을 자청하셨다.

아버지는 큰어머니와 결혼하신 얼마 후 큰어머니가 병환으로 돌아가셔서 상처를 하셨다. 3년 후 우리 어머니와 재혼을 하셨는데 우리 어머니마저도 아버지보다 먼저 돌아가시어 두 어머니를 동네 매장지에 모시게 되었다. 6.25 참전 상이용사이신 아버지께 당신께서 하늘나라로 가시면 국가 유공자 예우에 따라 국립대전현충원으로 모시겠다고 말씀드리니 당신께서 그곳으로 가면 거리가 멀어 우리 후손들이 일 년에 한 번 다녀가기도 힘들 것 같으니 집에서 가까운 엄마 곁으로 가야 자주 다녀갈 것이 아니겠냐고 말씀하시어 두 어머니 곁으로 모시게 되었다.

그 후 부모님 묘소를 돌보던 오빠가 암으로 돌아가시니 나이 어린 조카들이 묘를 건사하기 힘들고 두 남동생들이 봄, 가을 부모님 묘를 벌초하고 관리를 했는데도 세월이 흐르다 보니 잔디도 죽고 봉분도 무너져 관리하기가 힘들어졌다. 그래서 부모님을 대전 국립묘지로 모시는 것이 어떻겠냐고 인천 보훈청에 알아보라고 했고 동생들도 모두 찬성을 하여 인천 보훈청에 전화를 넣어 여직원한테 어머니가 두 분인데도 대전 현충원으로 같이 모실 수 있느냐고 물으니 두 분 다 같이 모실 수 있다고 흔쾌히 대답을 해주었다.

마침 작년이 윤달이 든 해라 3월에 좋은 날을 맞아 부모님을 화장하여 모시게 되었다. 동생이 보훈청 인터넷으로 들어가 보니 서울 근교에는 서울에서 한 달에 한 번 날짜를 정해서 지정된 장소로 가족 대표 한 사람이 유골함을 가지고 모이면 대전 현충원까지 한 대의 차량으로 모신다고 했다. 그러나 코로나19 때문에 차량으로 함께 모이는 것이 금지가 되어 각자 자기 차량으로 대전 현충원으로 모여 안장을 하기로 했다.

그곳에 도착하니 유골함을 든 채 각처에서 모인 사람들이 안내하는 분들을 따라 일사불란하게 움직였다. 우리도 안내하는 분 뒤를 따라 유골함을 안장할 장소로 이동하였다. 이동하며 주위를 돌아보니 수많은 호국 영령들이 묻힌 비석들이 나열되어 있었다. 부모님을 안장할 위치는 평지가 아닌 지대가 높은 계룡산 자락이어서 아래를 내려다보니 가슴이 뻥 뚫리는 것 같았다. 직원들의 도움을 받아 안장을 마치고 나니 때마침 경내 스피커에서 가곡 '비목'이 잔잔히 흐르고 있어 더욱더 마음을 숙연하게 하였다.

오늘이 15주년이 되는 아버지 기일이다. 작년 기일과 지난 추석에는 코로나19 때문에 가족 모임 제한이 있어 형제들이 다 모이지 못했는데 다행히 며칠 전부터 모임이 완화되어 가족들이 고향집에 모여 추도예배를 드릴 수 있게 되었다. 큰동생은 오늘이 야간 근무 날이라서 혼자 현충원을 다녀온다는 연락이 왔다. 큰 올케, 막내 남동생, 막내 여동생, 제부, 작은 조카, 나까지 여섯 명이 추도예배를 마치고 담소를 나누며 저녁 식사를 마치고 헤어져 집으로 돌아왔다.

말벌에 쏘이던 날

작년 어버이날 아들이 사다 준 카네이션을 보고 친정 부모님이 생각나서 산소에 다녀와야겠다고 다짐했다. 하지만 차일피일 미루고 있는데 가게에 점심식사를 하러 온 여자 손님이 나를 보더니 다짜고짜 왜, 친정 부모님 산소에 안 가느냐고 얘기하면서 친정엄마가 딸이 오기만 기다리다가 지쳐서 이제는 화가 나셨을 거라고 일요일쯤 가게 문을 닫고 산소에 다녀오라고 했다. 다녀오면 부모님이 도와주실 거라고 한마디 덧붙였다. 별 이상한 사람도 다 있다고 생각하면서, 생각을 해보니 아버지가 돌아가시고 첫 삭망 때 산소에 다녀온 뒤로 2년이 다 되도록 찾아뵙지 못한 것 같았다.

추석이 지난 다음에야 막내 여동생 내외와 조카들과 같이 과일과 포와 술을 준비해서 부모님 산소를 찾았다. 부모님 산소는 고려산 중턱에 자리 잡은 동네 공동묘지 꼭대기에 있다. 친정집 산이 있는데도 예전에 풍수지리를 잘 보셨던 큰할아버지께서(당신 운명하시는 날까지 맞추었다고 함) 아버지와 이곳 산을 지나시면서 조카가 죽거든 이 자리에 묘를 쓰도록 하라고 일러 주셨다고 아버지가 말씀하셨다.

아버지께서는 국가 유공자라 대전 국립묘지로 가셔도 되었는데 대전 국립묘지로 가면 집하고 거리가 멀어서 너희들이 일 년에 한 번 다녀가기도 힘들지만, 집에서 가까우면 자주 다녀갈 수 있지 않느냐고, 말씀하시면서 너희 엄마 곁에 묻어달라는 유언을 하셨다.

이곳에 다니러 오면 가슴에 쌓였던 스트레스가 뻥 뚫려 나가는 것 같다. 날씨가 좋은 날이면 강 건너 북한 땅 개풍군까지 가까이 보이고 지금은 집을 새로 지어 이사를 해서 안 보이지만 예전에 우리가 살던 집도 훤히 잘 내려다보인다.

그래서 풍수지리를 알지 못하는 우리가 보아도 명당자리임엔 틀림이 없는 것 같다. 자손들이 장원 급제는 못 했어도 요즘은 하늘에 있는 별을 따기보다도 힘들다는 공무원 시험에 합격한 자손들이 있으니 여기서 더 무엇을 바라겠는가. 준비한 과일을 차려놓고 절을 한 후 술을 봉분에 부으니 조카들도 자기들이 해보고 싶다고 서로 과일과 술을 뿌렸다.

내려오는 길옆, 밤나무 밑에 토종 알밤이 떨어져 땅에 그득해 우리가 흩어져 정신없이 밤을 줍고 있는데 어디서 날아왔는지 말벌이란 놈이 내 머리를 한 방 쏘고 달아나버렸다. 동생이 달려들어 머리에 꽂힌 침을 빼버렸는데도 머리가 욱신거려 정신을 차릴 수가 없었다. 주운 밤을 버리고 걸음아 날 살려라, 하고 뛰어 내려왔다. 내려오는 길옆에도 알밤이 널려 있었지만, 눈길조차 주지 않았다. 집에 돌아와 말벌에 쏘였다고 하니 벌 타는 사람은 죽을 수도 있다고 빨리 병원부터 가보라고 성화이다.

병원에 들렀더니 의사 선생님이 오늘 벌 쏘인 사람이 열 명이나 다녀갔다고 하신다. 다행히 나는 벌을 안 타는 사람이라고 해서 한시름 놓았다. 시부모님 산소에는 들르지 않고 친정 부모님 산소에만 다녀와서 벌을 받은 것은 아닌가, 가슴이 뜨끔했다.

그래도 우리가 다녀갔다고 친정엄마가 도와주신 것일까, 저녁 시간에 생각지도 않던 탁구장 팀 30여 명이 해물탕 예약을 했단다. 주사를 맞아서인지 머리에 통증이 없어지니 눈앞에 버리고 온 알밤이 어른거린다.

봄나들이

지난 5월이다. 오후에 근무하는 어르신 집에서 아버님이 강화에 한 번도 못 가봤는데 강화가 고향인 요양보호사 선생님이 좋은 데 있으면 이번 일요일 시간을 내어 강화 안내를 해주셨으면 좋겠다고 제의하셨다.

내가 요양보호를 해드리는 분은 87세 어머님이시다. 아버님은 86세로 두 분이 아파트에서 함께 살고 계시는데, 어머님이 당뇨도 있고 뇌졸중도 앓으셔서 세탁과 식사는 물론 모든 살림을 아버님이 하고 계신다. 나는 흔쾌히 그렇게 하세요. 제가 안내를 해드릴게요, 라고 대답을 했다. 아버님이 건강하시어 운전하시는 것은 걱정이 되지 않았다.

퇴근하면서 나는 마트에 들러 김밥 재료를 사 왔다. 어머님 몸도 불편하신데 식당으로 모시는 것이 번거로울 것 같아서였다. 아침 여섯 시에 일어나 쌀을 씻어 밥솥에 안치고 계란도 부치고 김밥 재료를 준비를 했다. 집에서 먹을 때와는 달리 야외에 나가서 먹을 때에는 시금치를 넣지 않고 청오이를 길쭉하게 썰어 소금에 살짝 절여 볶아서 넣고 밥에도 소금, 통깨, 참기름, 식초를 조금 넣어 비벼서 김밥을 싸면 김밥이 쉬지를 않는다.

부지런히 김밥을 싸고 썰어 도시락 용기에 담아놓고 나니 아버님이 주차장에 와 있다고 내려오라고 전화를 하셨다. 김밥 싼 것을 보자기에 싸서 들고 나갔더니 아버님이 보자기에 싼 것이 무엇이냐고 물으셨다. "어르신들하고 소풍을 가는데 먹을 김밥을 쌌다고 말씀드리니 식당에 들어가서 사 먹으면 될 것을 힘들게 김밥을 쌌느냐고 고맙다고 말씀하셨다.

자동차 안에서 어머님은 이번 나들이가 당신 생전의 마지막 나들이가 될지도 모른다는 말씀을 하셨다. "어머님, 그런 말씀 하지 마세요. 이렇게 좋은 세상 오래오래 사셔야죠. 개똥밭에 굴러도 이승이 저승보다 좋다는 속담이 있잖아요. 어머님은 복을 많이 타고나셔서 아버님 같은 좋은 분을 만나셨어요. 이제껏 제가 만난 분들 중에 아버님처럼 어머님한테 잘해 주시는 분은 처음 뵌 것 같아요."하고 말씀드렸더니 "그래요. 우리 남편이 나한테 너무 잘해줘요."라고 말씀하셨다. 대화를 나누다 보니 어느새 강화읍에 도착을 했다.

우리는 어머님이 화장실에 들어가서 볼일을 보셔야 하기에 넷째 시누이 남편이 운영하는 부동산 사무실 주차장에다 차를 세웠다. 화장실 문을 여니 잠겨있었다. 하필이면 화장실 문을 열어놓지 않고 볼일을 보러 출타 중이었다. 하는 수 없이 우리는 안채 살림집으로 들어가서 어머님 볼일을 보는 신세를 져야만 했다.

시누이 집에서 조금만 가면 오늘의 목적지인 카페가 있는데 조경이 빼어나고 잘 정돈된 카페이다. 들어가는 동네 입구부터 영산홍을 비롯하여 여러 가지 꽃들이 우리를 반겨준다. 대지도 넓고 조경도 잘 되어 있고 야외 식탁과 파라솔이 준비되어 있어 차도 마실 수 있고 앞이 탁 트여서 고시기 벌판을 내려다 볼 수 있는 아름다운 곳이다. 아버님과 어머님은 이렇게 아름다운 곳도 있느냐며 연신 감동을 하신다. 우리는 커피를 시키고 가지고 간 김밥을 꺼내 놓았다. 김밥을 맛있게 먹고 나니 아버님이 준비해 오신 과일과 음료수를 내놓으신다. 맑은 공기를 마시고 과일과 음료수를 먹고 나서 다음을 기약하며 자리를 떠났다.

아버님은 이왕 강화에 왔으니 초지 쪽으로 한 바퀴 돌아보자고 하시어 강화 읍내를 벗어나 선원면 창리를 지나 해변도로를 끼고 황산도를 돌아 나와서 초지대교를 건너려는데 마니산 등산을 다녀오는 차량들로 혼잡했다. 그래도 어머님이 좋아하시는 것을 보니 오늘 내가 보람 있는 일을 한 것 같다.

유년의 기억

『그 많던 싱아는 누가 다 먹었을까』의 작가인 소설가 박완서 선생이 담낭암으로 타계했다는 것을 TV 자막을 통해 알았다.

박완서 선생은 내가 마음속으로 깊이 존경하던 분이다. 선생과의 인연은 몇 년 전 내 생일날, 작은애가 "엄마, 생일선물이에요." 하며 불쑥 책을 내밀었던 날로 시작되었다. 그 책이 바로 박완서 선생이 쓰신 『그 많던 싱아는 누가 다 먹었을까』라는 책이다.

나는 그 책을 읽으며 사십오 년 전, 열세 살 시골 소녀로 되돌아갔다. 초등학교를 졸업하고 중학교에 진학을 해야 하는데, 그 시절에는 풍족한 몇몇 집만 빼고는 아들들은 공부를 가르쳐도 딸들은 공부를 가르치지 않았던 것이 상례였다.

우리 집도 예외는 아니어서 오빠가 고등학교에 진학하는 해에 아버지가 논을 장만하시어 돈이 부족하다면서 오빠더러 한 해 쉬었다 가라고 하셨고 오빠는 아버지의 명을 거역할 수 없어 다음

해를 기다려야 했다. 다음 해가 왔다. 나도 중학교에 진학을 해야 하는데 아버지는 오빠와의 약속을 어기고 오빠와 나를 학교에 보내지 않았다. 친척 할아버지가 우리가 진학할 때 쓸 등록금을 빌려 가셨는데 등록금 넣을 때 돈을 갚겠다는 약속을 지키지 않아서였다. 공부를 잘하는 아들도 고등학교에 보내지 않는데 하물며 딸인 내가 감히 중학교에 보내달라고 어떻게 떼를 쓰겠는가. 아버지께 한마디 말도 꺼내 보지도 못한 채 스스로 진학을 포기하여야만 했다.

그해 삼월, 내 의지와는 상관없이 열세 살의 어린 나는 아버지가 시키는 대로 서울에 살고 있는 둘째 고모네 집으로 고종사촌 동생을 돌봐주러 가야 했다. 고모를 따라 서울에 노착하니 한 살 아래 고종사촌 동생은 초등학교 6학년이었고 아래로 여동생 셋과 8개월 된 남동생이 있었다.

고모부는 육군 소령으로 근무하셨지만, 그때 군인 봉급으로는 일곱 식구가 지내기에는 풍족하지 못했던 것 같다. 고모네 집은 약 25평쯤 돼 보이는 기역 자로 생긴 한옥이었고 서대문 행촌동 꼭대기에 살고 있었다. 문간방에는 강화 큰집 동네에서 유학 온 오빠 동창과 그의 형이 세를 살고 있었는데 형은 한양공대, 동생은 집 근처에 있는 대신고등학교를 다니고 있었다. 그래도 고향 오빠들이라 아는 사람이 아무도 없는 낯선 동네에서 친근감이 있어 좋았던 것 같았다. 나는 오빠들이 갖고 있던 삼국지 등 여러 권의 책을 빌려 읽기도 했다.

고모 부부와 남동생은 건넌방을 썼고 나와 여동생 넷, 다섯 명은 안방을 썼다. 앞마당에는 장독대와 수돗물을 받아 쓰는 시멘트를 바른 네모난 통 안에 고모부가 낚시 가서 잡아온 붕어 몇 마리가 놀았고 장독대 옆 질그릇 화분에는 할아버지 집에서 가져다 심은 목단꽃이 활짝 피어 있었다. 대문 옆에는 화장실이 있었던 것으로 기억된다.

고모가 사는 앞 동네 현저동은 이북 개성 박적골에서 소설가 박완서 선생님이 어머니를 따라 내려와 살면서 고개 넘어 매동초등학교를 다녔다던 달동네이다. 『그 많던 싱아는 누가 다 먹었을까』라는 소설을 읽어보면 이곳에서 살던 얘기가 자세히 적혀 있다.

나보다 한 살 아래인 사촌동생은 매동초등학교 6학년이었다. 행촌동에서 매동초등학교를 가려면 온전한 길이 없는 인왕산 끝자락 아까시나무가 군락을 이루는 산기슭 비탈길을 타고 넘어야 갈 수가 있었다. 그곳은 아까시나무 외엔 아무런 잡초도 자라지 않는 메마른 곳이었다. 동생이 늦게 일어나 도시락을 못 가져간 날이면 점심시간에 동생한테 도시락을 가져다주느라고 매동초등학교에 여러 번 들어가 봤다.

서울이라는 곳은 시골 동네 같지 않아 집집마다 대문을 꼭꼭 걸어 잠그고 있어 마땅히 갈 곳이 없었다. 나는 돌잡이 동생을 업고 집을 나와 한 계단 한 계단 돌계단을 딛고 올라 골목을 돌아서 남씨 아저씨네 쌀가게를 지나 사직 공원길로 접어들었다. 사직공원을 몇 바퀴 돌다 배가 고파지면 인왕산 자락을 거슬러 올라 고모네 집으로 돌아오곤 했다. 시골에서만 살던 나는 서울에 대한 호기심이 많아 볼 일이 없는데도 사직터널을 수시로 드나들었고 독립문 근처를 서성거리기도 했다. 또 인왕산 꼭대기까지 올라가서 서대문 형무소도 내려다보고 서울 시내를 사방으로 둘러보곤 했다.

고보를 따라 전찻길을 건너 북적거리는 영천 시장도 구경하고 어떤 조기가 물감을 들이지 않은 싱싱한 것인가를 배워 심부름으로 조기도 사러 다녔고 고모부가 술을 드신 이튿날 아침에는 동생들보다 내가 먼저 냄비를 들고 선지해장국을 사 오는 심부름을 하기도 했다.

두부 장수 아저씨 종소리에 아침잠을 깼고 화장실 청소하는 아저씨들이 똥통을 어깨에 메고 층층대를 내려가면서 똥물을 찔끔찔끔 흘리는 것도 구경할 수가 있었다. 여름철 가끔 수돗물이 나오지 않는 날이면 공동 수돗가로 가서 줄을 서서 기다렸다가 양철통으로 물을 길어오곤 했던 일들도 기억난다. 사촌동생이랑 친척 오빠를 따라 전차를 타고 창경원에 가던 길에 전차 안에서 고모가 준 용돈을 잃어버려 아무것도 사 먹지 못하자 같이 갔던 오빠가 카스테라를 사줘서 맛있게 먹었던 일, 철없는 동생들이 왜 우리 집에 있냐고 언니네 집에 가라고 할 때면 엄마가 보고 싶어서 대문 밖으로 나와 울었던 기억들이 버스 유리창으로 지나가는 풍경처럼 스쳐 지나간다.

그렇게 열 달을 고모네 집에서 지내다가 중학교에 간다는 핑계로 집으로 돌아왔다. 동네 친구들은 내가 서울에서 내려오자 우르르 몰려와서 서울 얘기를 해달라고 졸라댔다. 동물원에 가면 낮 12시쯤 공작새가 꼬리를 부채처럼 펴더라는 얘기와 호랑이도 보고 밤에 불꽃놀이 구경했던 이야기를 신바람이 나서 해줬다.

지금 생각해 보면 아버지는 딸만 여럿 낳다가 늦게 아들을 낳은 여동생이 대견해서 동생의 부탁을 거절하지 못하고 어린 나를 고모네 집으로 보냈던 것 같다. 요즘 젊은 사람들 같으면 어림도 없는 일일 텐데 남달리 형제 우애가 좋아서였을 것이라는 생각이 든다. 다들 제 자식이라면 끔찍하게 생각하는데 아무리 동생의 부탁이라도 절대로 어린 자식을 동생네 집으로 보내지 않았을 것이다.

어린 나이기는 해도 가족과 떨어져 혼자 지내면서 자식들을 위해서 헌신하시는 부모님에 대한 생각을 많이 하게 되었으며 부모 형제들을 그리워하며 철이 많이 들었던 것 같다. 그때는 고생스럽고 서울 생활에 적응하기 힘들었지만, 고모님 집에서 지냈던 기억이 지금까지 내가 살아오는데 밑받침이 되었다.

TV에서 박완서 선생을 기리는 영상물을 보다 보니 서대문 행촌동 고모네 집에서 지냈던 기억이 어제 일인 듯 선명하다.

훈장증

제9보병사단 육군 일병 이규선 군번 0192857

귀하는 멸공전선에서 제반 애로를 극복하고
헌신 분투하여 발군의 무공을 세웠으므로
애국 지성과 빛난 공적이 가상하여 대통령 내훈
제2호에 의거한 국방부 장관의 권한에 의하여
다음 훈장을 수여함

무성화랑 무공훈장

1954년 9월 30일

2021년 4월 3일자 위 자에 대한

서훈 기록에 의하여 본증을 발행함

국 방 부 장 관

막내 남동생한테서 연락을 받았다. 아버지 훈장증과 훈장 메달이 동생 집으로 배달이 되었다고, 국방부에서 6.25 참전용사 무공훈장 찾아주기 팀에서 친정집으로 전화를 했는데, 큰올케가 집을 비우는 바람에 연락이 닿지 않아 막내 남동생 휴대폰으로 전화가 와서 동생 집으로 배달이 되었던 모양이다.

친정아버지가 돌아가신 지 17년이 지났다. 아버지가 돌아가시기 전에 훈장증과 메달을 받아보셨으면 좋아하셨을 것을, 67년이 지난 후에 무성화랑 무공훈장이 주인을 찾아 돌아온 것이다.

오빠가 첫돌이었을 때 6.25 전쟁이 터져 큰아버지를 비롯하여 남자들만 부산으로 피난을 갔다가 그곳에서 아버지는 군에 입대를 하게 되었고 제주도 제1훈련소에서 기본 훈련을 마치고 곧바로 전쟁터로 투입되었다. 아버지는 제9보병사단 29연대에서 군 생활을 하셨는데 1952년 10월 6일부터 15일까지 열흘간에 걸쳐 강원도 철원에 위치한 395 백마고지에서 중공군 3개 사단과 격돌하던 중 30만 발의 포탄이 우박처럼 쏟아져 산 하나가 초토화되고 아버지가 소속해 있던 제9보병사단도 3천 명의 사상자가 생겼다고 했다. 아버지가 소속되었던 중대가 전멸당하고 아버지 혼자 바위틈에 몸을 숨겼는데 중공군이 총으로 몸을 찔러 생사를 확인했지만 죽은 척 움직이지 않아 혼자 살아남았다고 말씀하셨다.

군부대에서는 집으로 아버지 사망 통지서를 보내와 할머니가 기절하시고 식구들이 울음바다를 이루는 해프닝이 벌어졌다고 했다. 그때 아버지도 총탄을 맞아 부상을 당했는데, 총탄 한 개가 잔등을 뚫고 목젖 옆에 박혀 위험한 부위라 그때의 의술로는 수술을 못 하고 탄알을 목에 간직한 채 사시다 84세에 돌아가셨다. 부상을 당한 아버지는 의병제대를 해야 했지만, 전쟁 중이라 한 사람이라도 병력이 더 필요한 상황이어서 야전병원에서 치료를 끝낸 뒤 다시 전쟁터로 내보냈다고 했다. 아버지는 그때의 공훈으로 한 계급 특진을 했고 같은 부대 상관이었던 고모부는 대통령 표창도 받으셨다고 했다.

아버지는 1950년 7월에 입대하여 1954년 2월에 제대하였으니 4년 7개월 만에 집으로 돌아오셨다. 그것도 두 자녀를 둔 사람들만 우선적으로 제대를 시켰는데, 아버지가 잠시 휴가를 나왔을 때 내가 생기는 바람에 두 자녀 혜택을 받으셨다고 후에 말씀하셨다. 아버지는 전쟁 때 너무 배고픈 고생을 하셔서 사람은 등 따습고 배부른 것이 최고라며 생활신조로 삼으셨다고 했다. 아버지는 당신이 겪은 배고픈 고생을 자식들에게 물려주지 않으려고 무척이나 열심히 일을 하셨다. 덕분에 우리 5남매는 남들이 꽁보리밥을 먹을 시절에도 쌀밥을 먹고 자랐다.

천성이 착하고 남에 대한 배려가 깊은데다 양보심이 많아 동네에서 아버지 별명은 법 없어도 살 사람, 이웃들에게 불화가 생기면 사이좋게 화해를 시키곤 해서 변호사라고도 불렸다. 죽을 고비를 몇 번이나 겪고도 무사히 살아오신 것을 보면 하느님이 아버지를 도와주지 않았나 생각이 든다.

우리 형제들과 조카들은 지난 현충일, 국립대전현충원에 모여 아버지, 어머니 묘비 앞에 훈장증과 훈장 메달을 올리고 참배를 하고 돌아왔다.

동지팥죽

내일이 동짓날이다. 올해는 노동지여서 팥죽을 쑤어 먹어도 된다고 어르신들이 말씀하셨다. 예로부터 우리 조상들은 동짓날의 팥죽 한 그릇이 열두 달 보약보다 낫다고 하셨다.

지인이 주차창에 도착하였다고 잠깐 내려오라는 연락을 받고 내려가 보니 누가 갖다주더라고 콜라비하고 냉동만두를 담은 박스를 건네주었다. 지인은 팥죽을 무척이나 좋아한다고 들었다. 지인의 누나는 해마다 동짓날이면 죽가게에서 팥죽을 사다 남동생한테 주었는데 작년에 지인의 누나가 사고로 저세상으로 가버려 이젠 동생한테 팥죽을 사다 줄 사람도 없다.

하여 지인에게 "올해는 팥죽 사지 마세요. 제가 팥죽을 쑤어 나누어 드릴게요." 하고 말했더니 "그러면 새알심을 많이 넣어주세요." 하고 주문을 한다. 집에는 찹쌀 사다 놓은 것이 없어 이튿날 아침 농협마트에 들러 2키로 짜리 찹쌀 한 봉지를 사서 오전에 근무하는 어머님 댁에 가져가 찹쌀을 씻어 담가놓고 퇴근할 때 바구니에 건져 시장떡집으로 가지고 가 빻아달라고 했더니, 팥시루떡 주문받은 것이 많아 지금 떡가루를 빻고 있어 빻아 드릴 수가 없다고 거절을 하며 오전에 오신 분들은 빻아드렸는데 죄송하다면서 아래 떡 방앗간으로 가보라고 했다.

아래 떡방앗간으로 가보니 문이 잠겨있다. 발길을 돌려 읍사무소 입구 떡집으로 갔더니 가게에 불은 켜있는데 배달을 나갔는지 문이 또 잠겨있다. 다시 뒤돌아서 기업은행 옆 떡집으로 찾아갔더니 직원들 여럿이서 신정에 판매할 떡국떡을 비닐봉지에 포장을 하고 있었다. 직원한테 쌀가루를 빻으러 왔다고 말했더니 지금 바빠서 못 빻아 드린다고 단칼에 거절을 했다. 그래서 전에 우리 가게의 직원으로 야채 배달을 했었던 떡집 사장에게 부탁을 했다. 그런데도 바빠서 못 빻아 준다는 사장에게 다시 부탁을 했더니, 마지못해 직원한테 빻아 드리라고 말했다.

쌀가루를 빻아 집에 와서 점심을 먹은 뒤 팥을 씻어 담가놓고 오후에 돌봐드리는 어머님 댁에서 일을 마치고 돌아와서 팥을 삶아 믹서기에 갈아놓고 찹쌀가루도 익반죽하여 새알심을 만들어 놓은 후, 팥죽을 쑤기 시작했다. 조금 있으려니 팥죽이 풀떡 풀떡하고 끓어 재빨리 새알심을 넣고 저었다. 그런데 조금 후에 보니 새알심이 다 풀어져 하나도 보이지를 않았다.

아차! 하고 재빨리 핸드폰을 열고 확인해 보니 새알심은 찹쌀 7, 멥쌀 3을 섞어 새알심을 만들라고 적혀 있다. 전에 식당을 운영할 때 생일잔치나 단체 손님을 예약받을 때 서비스로 경단을 해드렸는데 시간이 많이 지나고 보니 깜빡 잊고서 멥쌀을 빼놓는 실수를 했다. 팥죽을 다 끓여놓고 지인한테 팥죽을 가지러 오라고 연락했다. 팥죽을 먹을 때는 시원한 동치미하고 먹어야 제격인데 초겨울 날씨가 따듯해서 내가 예상한 것보다 동치미 맛은 덜했지만, 동치미를 썰어 한 통 담고 팥죽도 한 통 담았다. 지인한테 제가 실수하는 바람에 새알심은 물 건너갔다고 얘기해줬다.

죽 종류는 먹을 때는 맛은 있는데 소화가 빨리 되어 배가 쉬 고픈데, 내가 끓인 팥죽은 실수는 했지만, 찹쌀이 많이 들어가 든든해서 배가 고프지 않았다. 보덕정사 주지 스님이 전화를 하셨다. 팥죽과 팥시루떡을 보냈으니 애 아빠하고 같이 드시라고 했다. 날씨도 추운데 팥죽을 왜 보내셨냐며 잘 먹겠다고 인사를 드렸더니 동지팥죽은 여럿이 나누어 먹어야 한다고 말씀하셨다.

이튿날 출근을 하면서 오전에 돌봐드리는 어머님과 문우 명근씨, 오후에 돌봐드리는 어머님께도 팥죽을 나누어 드렸다. 그러다 보니 팥죽을 좋아하는 큰아들은 챙기지 못했다. 전화를 넣었더니 대구에 출장 가 있는지 사흘이나 됐다고 했다. 다음부터는 실수를 하지 않고 제대로 팥죽을 끓여 봐야겠다.

발문

평범한 아낙의 진솔한 이야기

최 연 식(시인)

세상에는 사람 수만큼 다른 얼굴이 존재하고 그만큼 저마다 다른 삶의 이야기를 간직하고 있다. 사람들은 모두가 비슷한 삶을 사는 듯하면서도 전혀 다른 세상살이를 한다.

똑같이 하루 세 끼를 먹고 일하고 잠자고 하는 등의 외형적 모습은 사람의 공통된 일상이다. 하지만 그 생활 속에서 보고 느끼고 자신만의 영역을 확보하는 것은 그 사람만의 정서와 지식과 관심사에 따라 달라지는 것이고 세상의 가치 또한 개인의 사고에 따라 천양지차가 있는 것이다. 그래서 같은 듯 다른 것이 삶이다.

저자 이갑종은 대한민국의 변방인 강화군 하점면 고려산 기슭에서 태어났다. 더 세밀히 말하자면 고려산과 봉천산과 별립산이 에

워싸고, 서쪽으로는 석모도와 교동도가 누워 있는 시골 마을에서 성장했다.

이러한 자연환경은 그녀의 가슴과 뇌리에 꿈결처럼 각인되어 산과 들과 바닷가 풍경 등이 가족의 삶과 어우러져 어릴 적 추억으로 새겨질 수밖에 없었다.

성인이 되어 결혼한 후에는 강화도와 인접한 김포시 통진읍에 정착해 부식 가게와 식당 등을 운영하며 가족을 부양했고 지금은 요양보호사로 활동하고 있다.

이갑종은 곧 칠순을 맞이한다. 이 나이가 되어 한 권의 책이라도 남길 수 있게 된 것은 팍팍한 삶 속에서 그녀만의 주체할 수 없는 문학적 욕구가 넘쳐났기 때문이다.

사십줄에 들어서서 무엇인가 가슴에 불끈 솟는 감정을 쏟아내고 싶었던 듯하다. 때마침 지역문화센터에서 주관하는 글쓰기 수업에 발을 들여놓았고 이를 계기로 그가 풀어놓고 싶었던 기억과 추억과 느낌들을 토해내기 시작했다.

쓰고 싶었고 남기고 싶었던 생각들이 알알이 줄을 꿰고 한편의 작품으로 마무리되면서 희열과 보람을 느꼈다.

그러다가 지역의 '통진문학회'를 알게 되었고 여기에 가입하면서 본격적으로 동아리 활동을 시작했다. 또한 지역 도서관이나 문화센터에서 개최하는 문학 수업과 독서 모임 등에 적극 참여하면서 자신의 생각과 감성을 표출하고 발표하기 시작했다.

이갑종은 많은 사회적 경험을 하지는 못했다. 그러다 보니 다양성이라는 측면에서 소재의 빈곤함에 괴로워했고 전문적 식견을 필요로 하는 작품을 생산하는 데 한계를 느껴야 했다. 늘 고민하고 갈등하며 자신이 할 수 있는 것이 무엇인지를 고민했다. 그러다가 자신의 기억과 추억과 가슴에 남아 있는 흔적들을 되짚기로 했고 주변에서 보고 듣고 경험한 것을 소재로 삼아야겠다고 생각했다. 그렇게 해서 이갑종의 글쓰기는 20여 년 동안 이어졌고 그렇게 모인 글이 한 권의 책으로 엮어질 수 있게 되었다.

나는 20여 년 동안 이갑종을 지켜보았고 그의 끊임없는 노력을 높게 평가했다. 식당을 운영할 때, 그 바쁜 중에도 그는 문학 강의를 듣기 위해 종종걸음을 했고 직장인으로 생활하면서도 문학동아리 활동에 적극적으로 참여했다.

이갑종의 작품은 대부분이 생활 밀착형 작품들이거나 과거의 흔적을 반추하는 것들이다. 가정주부로서 한정된 생활 반경에서 오는 어쩔 수 없는 한계일지도 모른다. 하지만 그 속에서 나름대로의 시각으로 세상을 보고 의미를 부여하고 자신의 스타일로 작품을 완성한 것은 높이 평가해 주어야 할 것이다.

그래서 나는 이갑종 작가에게 말하고 싶다.

수고 많으셨다고 고생하셨다고 가족들의 성원에 감사한다고……